prologue

旬の食材はその時期の体が自然と欲するものなので、旬を生かせば料理も自然とおいしそうに見えると思います。安い食材でもごまをふったり、乾燥パセリをふったりして、見栄えよく、おいしそうにを意識。

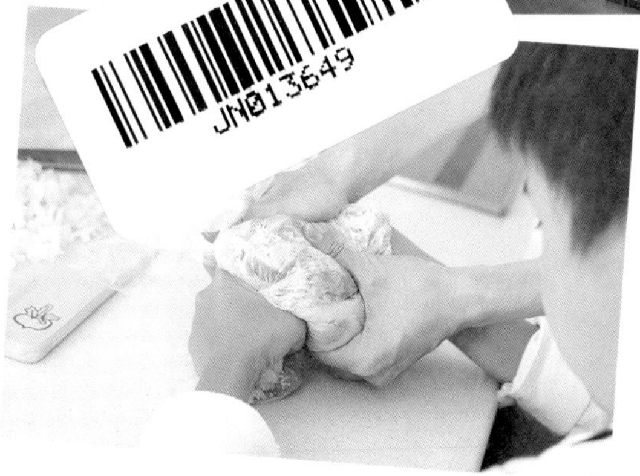

野菜の簡単漬けや和え物、マリネなどを作るときにポリ袋が重宝。材料を切ってポリ袋に入れて全体に調味料をなじませたら、空気を抜いて口を閉じ、しばらくほったらかしに。メインを作っているあいだに簡単に１品が完成します。

- 魚類……7kg
- もやし……16袋
- 根菜類……8kg
- 青菜野菜……12袋
- キャベツ……9玉
- 玉ねぎ……18玉

これだけの量を消費するのでもちろん食費はかさみます。そんななかでもなるべく安くおさえるために旬のものを選んだり、特売のものを買ったりはもちろんですが、食材を使いきることも大切にしています。

　そのため、献立を決めてから買い物に行くのではなく、買ってきた食材で何を作るのかを決定。なるべく安く、おなかいっぱい、栄養満点なレシピを冷蔵庫を見ながら考えます。

はじめまして。松山絵美です。

週に4回作る塾用のお弁当。しっかり食べてがっちり勉強してきてね、の気持ちを込めて詰めます。

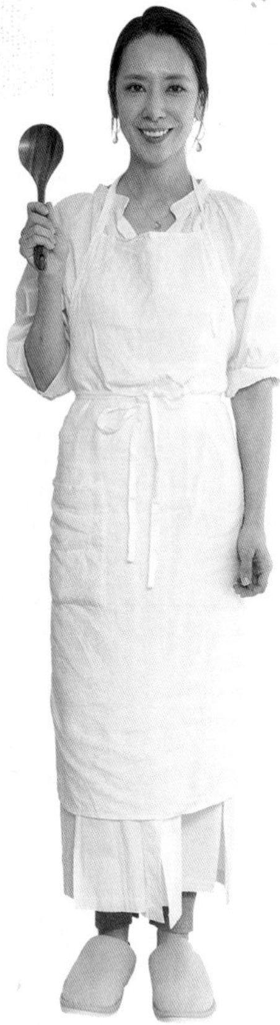

料理は小さいころから大好きで、母のお手伝いをさせてもらったり、簡単なお菓子を作ったりしていましたが、本格的にごはんを作りはじめたのは高校生のときでした。

きっかけは、興味本位で気軽に始めたダイエット。中学校の終わりだったでしょうか。そのころ「〇〇だけダイエット」というのがはやりました。決まった食材だけを食べることでやせる、というもの。まわりの友達といっしょに始めたら、なぜか自分だけ、しだいに「食べること」が怖くなっていったのです。みるみるやせ、しまいには病院へ行くことに。そのときの病院の栄養指導の先生に、「まずは、最低限のカロリーをとれるよう、毎食、き

prologue

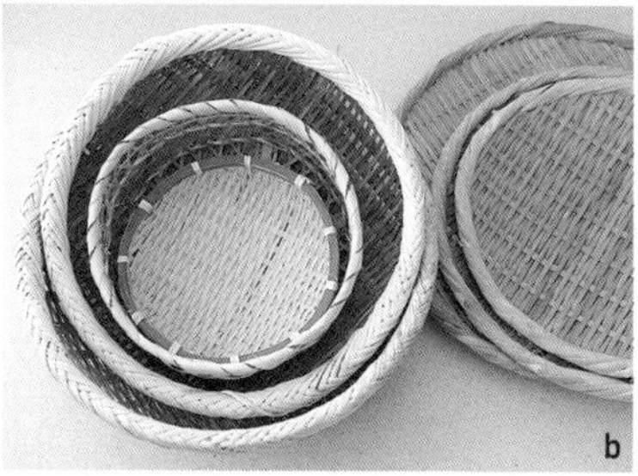

a 母から譲り受けた飯台。子どもたちにうちわであおいでもらいながら酢飯をこしらえる時間が好き。ちらし寿司、手巻き寿司、混ぜご飯、そうめんなどに、大活躍。**b** とにかくざるが大好き！ 野菜を干したり、おにぎりをのせたり、焼きたてのチヂミをのせたりと毎日、活躍中。

パン食ではおなかがもたない子どもたちには必ず、白米！

毎日炊くご飯は7合。朝からしっかり「おかわりー！」の声。最近、ちょっと太りぎみのパパの分は、控えめの盛りで。

ちんとカロリー計算した食事をとること」をアドバイスされました。

そして、カロリーが掲載されているレシピ本を購入し、材料を量って自分で調理した料理を食べるようになると、食欲が安定してきました。きっと、ちゃんと栄養がとれるようになったからでしょう。気持ちが自然と「食べよう」という方向にむかっていき、体調と体重が戻っていったのです。「栄養不足」や「食べる喜びを失う」と「心が壊れる」ことを身をもって感じました。

今、発信しているレシピには、食材の薬膳効果も書き添えています。こうした過去の経験から、薬膳について深く学びたいと思い、専門資格を取得したのが2年前です。

「ひとつひとつの食材に効能があることを知ると、罪悪感なく食べられる」

「家族の健康を、料理で支えていると実感できる」

フォロワーさんたちから、そんなうれしい反応をいただいており、今回の本でもご紹介しています。

壁にドリルで穴を開けてつけた調味料棚。はじめは2段だけでしたが、便利でだんだん増えました。よく使うトングやキッチンバサミなどもここにあると便利！　右側の棚は、1段目に干ししいたけ、だし昆布、煮干しを、2段目は瓶ものを並べています。

「毎日のドタバタ」を減らすキッチン動線のこと。

朝ごはんから塾のお弁当、夕ごはんと毎日キッチンにいる時間が大半です。かなりの量も作りますし、あと片づけも、日々膨大な量。少しでも時短できないかと収納場所や収納方法を変えてきました。今はとても使いやすく、落ち着いています。

　とくに壁につけた棚が重宝。自分でドリルを使ってつけました。よく使う調味料を棚に置くことでサッと出せて便利。いつも目に入る位置にあるので、なくなりそうな調味料もすぐにわかります。

「動線に合わせた収納」も大事と考えます。たとえばシンク下には洗剤、スポンジのストック、ざる、ボウル、まな板など、よく使うものの収納を。コンロ下は、フライパン、鍋の収納、炊飯器下の引き出しは茶碗、しゃもじなど。置き場所を一定にすることで、調理中の動きがスムーズです。

　キッチンを少しでも好きな空間にしたくて、大好きなグリーンの鉢、木、かご、ざるなど、自分好みのアイテムがどんどん増殖中。家の中に私専用の

prologue

キッチンは3畳ほど。夕食のあと片づけを終わらせたら必ず除菌シートでキッチン全体を拭き取って清潔さをキープ。朝起きたときにキッチンがきれいな状態だと、気分よく1日のスタートを切れます。

部屋はないので、キッチンがマイルーム。作業ばかりのワークスペースというより、「癒やしの空間」であることを心がけることで、長い時間を過ごしていても、苦になりません。

a

b

c

d

e

a 大好きなざるは調味料棚のいちばん下。風通しよく、吊るして収納します。スーパーなどの袋はかごに入れて。**b** 干ししいたけ、だし昆布、煮干しは保存瓶に入れて、みそ汁やスープに。ご飯を炊くときに入れたりもします。**c** 調味料は「フレッシュロック」の300mℓに入れています。中身を変えてもすぐにはがせるようにマスキングテープで名前を貼っています。砂糖、片栗粉などはたっぷり使うので600mℓに。**d** 冷蔵庫の野菜室。野菜は紙袋ごとに種類を分けて保存。使い忘れて傷んだり、行方不明になってしまうものがなくなりました。紙袋に入れているから、野菜についている泥などで冷蔵庫が汚れないのもラク。**e** じゃがいも、さつまいも、玉ねぎはかごに紙袋を入れて。とくに玉ねぎは頻繁に使うので、徳用を買って入れています。じゃがいもやさつまいもはおやつにもしょっちゅう登場。

「料理のめんどうくささ」を減らす
下味と調味料のこと。

料理を手軽に、おいしく作る決め手は「味つけに迷わないこと」。パチッと決まる味つけの組み合わせ、ルールを知っておけば日々の料理がグンとラクになるはずです。

塩、こしょう、砂糖やしょうゆ、みそ、みりん、酢、酒などの基本の調味料だけ使うときもあれば、そこにめんつゆ、白だし、オイスターソース、鶏ガラスープの素、和風だしの素、昆布だしの素、昆布茶などを組み合わせてうまみと深みをプラスすることも多いです。

とくによく使うのが鶏ガラスープの素。いろいろなメーカーのものを試していますが、無添加のものがおすすめ。和・洋・中、どんな料理のベースにしても間違いなく味が決まり、重宝です。

わが家に欠かせないにんにくチューブもしょうがチューブも、必ずお徳用サイズをストックしています。衛生面から、必ず1か月以内に使いきるように。

白だしもめんつゆもよく使う調味料。冷蔵庫に入れる分とストックをつねに用意。簡単に味が決まるお助け調味料です。和風に限らず、洋風、エスニックなどの味つけにも。

鶏ガラスープの素はお徳用パックを買って入れ替えています。こうすることで量がわかるので買い忘れ防止に。「フレッシュロック」は小さじつきで便利。

さっぱり味にしたいときにはレモン汁もよく使います。市販のレモン果汁を使えば搾る手間も省け、たっぷり使えます。また、にんにくやしょうがのチューブも大活躍。主人がにんにく好きなのもあり、本当によく使います。魚や肉の臭み消しにも活用。大きいサイズのものをストックしています。

白だしやめんつゆにレモン果汁を足してみたり、粒マスタードを足してみたり。意外な組み合わせがおいしかったりするので、「調味料合わせ」は楽しい！ キッチンは実験の場なので、いろいろな組み合わせにチャレンジしています（くわしくはP122〜をご参照ください）。

炒め油はおもにごま油、オリーブ油、バターですが、マヨネーズを油のかわりに使うのもおすすめ。うまみとコクがアップします。

目次

part 2

36 “ご飯どろぼう”な
やみつき肉おかず

37 FROM MATSUYAMA'S KITCHEN
わが家の肉消費は毎月約25kg。
特売肉をとことんおいしくが
日々の料理のキモ。

part 3

56 厚揚げ、豆腐、
こんにゃく……
かさましおかず

57 FROM MATSUYAMA'S KITCHEN
肉を減らしても
おなかにたまる重宝素材を
つねにストックしてフル活用。

part 4

part 5

part 6

part 7

この本の使い方

- 大さじ１は15mℓ、小さじ１は５mℓです。
- 電子レンジの加熱時間は、600Wのものを基準にしています。500Wの場合は1.2倍、700Wの場合は0.9倍の時間を目安にしてください。電子レンジの種類や、耐熱容器の種類、食材の大きさや食材の温度などで加熱状態は変わります。 中まで火が通っているか確認をして、加熱不十分な場合は30秒ずつ追加で加熱してください。
- オーブントースターは1000Wのものを使用しています。W数が異なる場合は、様子を見ながら加熱時間を加減してください。機種によっても多少異なります。
- おろしにんにく、おろししょうがは、市販のチューブタイプを使っています。生のものを使う場合は、３cmでにんにく１片分、しょうがはひとかけ分を目安にしてください。
- 白だしは10倍濃縮タイプを使っています。
- めんつゆは３倍濃縮タイプを使っています。
- ぽん酢はしょうゆ入りタイプを使っています。
- 半量分を作る場合は、基本は半分の材料で作り、味が足りない場合は調味料を足してください。
- 電子レンジ調理のものを半量分作る場合は、指定の時間より0.6倍に設定してください。

撮影　砂原 文〈表紙、P1〜11、part1〜3、P72、89、90、98、110、118（著者写真）、127〉
松山絵美
スタイリング　鈴木亜希子〈表紙、part1〜3〉
デザイン　tabby design
校閲　泉 敏子　山田久美子
編集協力　小橋美津子
調理補助　村越仁美
松崎素子
撮影協力　UTUWA
Special Thanks　下井美奈子
Nadia株式会社
アイランド株式会社
編集　谷 知子

part 1

「おいしかったです」
「リピします」の
声、声、声…

人気おかず ベスト10

安くて簡単！作ったらやみつきになる人気レシピをご紹介します！

SNSでレシピをアップすると、人気の傾向がはっきりわかります。年中、好評なのが「おかずスープ」。肉や野菜をたっぷり入れて、栄養も余すことなく取り入れられるし、具だくさんだからこのスープでメインにもなります。女性は夏場も体が冷えますから、温かい一品を食卓に添えるとホッとしますよね。卵を落としたり、ご飯を入れたり、うどんや中華めんを入れたりとアレンジも自在です。

また「とろみ」系のおかずも好評。小さいお子さんがいる家庭では、とくに人気です。わが家でも鶏肉に片栗粉をまぶして煮てとろっとした食感を楽しむおかずや、あんかけ風、とろみを強めにしたシチュー系などは、すぐに売り切れに。ご飯にかけてモリモリ食べています。

不動の人気食材といえば、きゅうり。一年を通じて手軽に買えるし、ちょっとした箸休めにちょうどいい。調味料といっしょにポリ袋に入れてもみ込むだけの即席のおかずは、みなさんに繰り返し作っていただいています。

そして、ひき肉のおかずも定番。つくねやハンバーグなどのメインにすることもあれば、野菜炒めやスープにちょい足ししてコクをアップさせたり、しっかりめの味つけでいりつけておいて肉ふりかけに……。子どもはひき肉があれば、食もすすみますし、なんといってもお手頃価格なので、わが家ではもっとも使用頻度の高い肉です。

1位

料理サイトに掲載後、
爆発的なアクセス数でMVP入り！
鶏肉の甘みがジューシーです。

鶏肉の甘酢ねぎ炒め

調理時間
10分

材料　4人分

鶏もも肉……………………2枚（約550ｇ）
ぽん酢…………………………大さじ2
片栗粉…………………………大さじ3
ごま油……………………………適量
長ねぎ…………………2本（正味約200ｇ）
A｜ぽん酢………………………大さじ4
　｜砂糖、白いりごま………各大さじ2

下準備

- 鶏もも肉はひと口大に切る。
- 長ねぎは粗みじん切りにする。

作り方

1 ポリ袋に鶏もも肉とぽん酢を入れてもみ込み、片栗粉も加えてさらにもみ込む（写真**a**）。

2 フライパンにごま油を熱し、*1*を入れて両面をこんがりと焼き色がつくまで焼く（写真**b**）。

3 長ねぎとAを加えて炒め合わせ、器に盛る（写真**c**）。

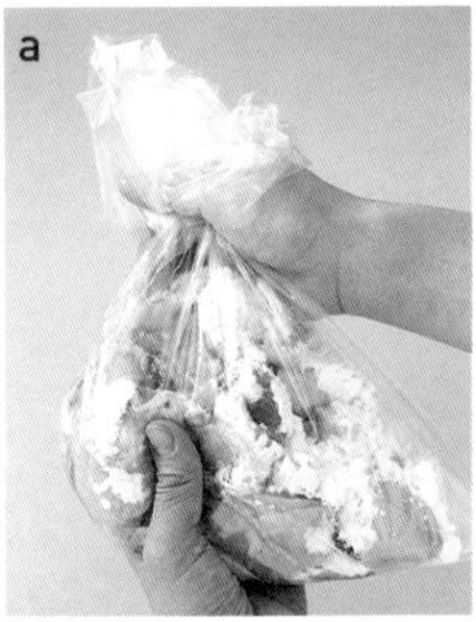
a

b

c

下味はぽん酢でOK！ ジューシーチキンに甘酢とねぎがたっぷりからんで、さっぱりとおいしくいただけます。

薬膳のヒント

鶏肉…食欲不振、虚弱体質、美肌、胃腸を温めて体力回復に。

おつまみにもおかずにも！
レタスが苦手なお子さんでも、肉で包むとペロリと平らげる一品です。

薬膳のヒント

豚肉…滋養強壮、肌の乾燥、のどの渇き、便秘。ビタミンB_1を多く含み、疲労回復、脳神経の働きを正常に保つ。

2位

インスタグラムで
40万回チェックされた
レンチンだけのお手軽レシピ。

調理時間
20分

豚巻きレタスのうまぽん蒸し

材料 4人分

豚バラ薄切り肉……………………… 16枚
レタス…………… 小1玉（正味約300ｇ）

A	ぽん酢 ……………………	大さじ3
	砂糖………………………	大さじ1
	鶏ガラスープの素 ………	大さじ1

下準備

- レタスは縦半分に切って洗い、水けをしっかりきる。ペーパータオルで拭いて、8等分のくし形切りにする。
- Aは混ぜ合わせる。

作り方

1. 豚肉は2枚並べてレタスを巻く。これを8個作る（写真a）。
2. 耐熱容器に1を並べ入れてAを回しかけ、ふんわりラップをかけて、600Wの電子レンジで6分、上下を返して3分～3分30秒加熱する（写真b）。
3. ラップをはずし、そのまま食卓へ（写真c）。

a
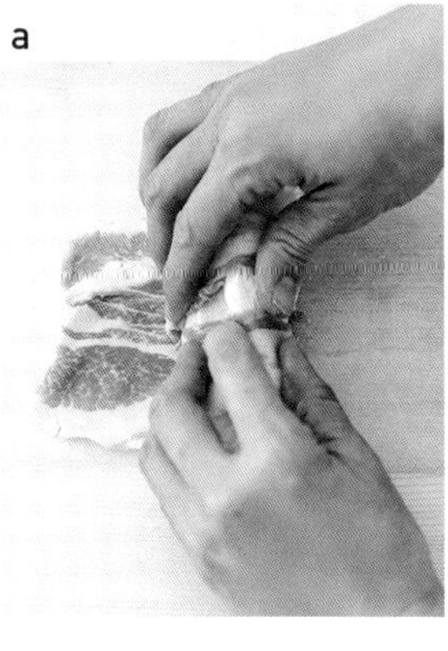

b

c

3位

人気の豆腐と春雨！
ヘルシーな、かさましおかずは
女性に人気です。

調理時間
15分

豆腐と豚肉と春雨のとろみ煮

材料　4人分

豚こま切れ肉……………………150ｇ
絹ごし豆腐……………1丁(400ｇ)
緑豆春雨(カットタイプ)………40ｇ
にら…………………………………1束

A
水…………………………100mℓ
鶏ガラスープの素(顆粒)
……………………小さじ2
オイスターソース
……………………大さじ1
酒、みりん………各大さじ1
しょうゆ、砂糖、みそ
…………………各小さじ2

〈水溶き片栗粉〉

B
片栗粉………………大さじ1
水……………………大さじ3

下準備

- 絹ごし豆腐は6～8等分に切る。
- にらは4～5㎝長さに切る。
- AとBはそれぞれ混ぜ合わせておく。

作り方

1 耐熱容器に豚肉と豆腐、Aを入れ、ふんわりラップをかけて600Wの電子レンジで8分加熱する(写真**a**)。

2 レンジからいったん取り出して煮汁に春雨を加えて浸し、にらをのせる。再度ラップをかけて3分加熱する(写真**b**)。

3 再び取り出してBの水溶き片栗粉を加え、手早く混ぜる(この時点でとろみがつく)。再びラップをかけて2分加熱し、器に盛る(写真**c**)。

＊加熱が不十分な場合は、30秒ずつ追加する。

薬膳のヒント

豆腐…体の余分な熱をとる。目の充血、口の渇き、むくみに。

a

b

c

にらがしっとり、やわらか！
とろみがついてしっかり味の
春雨煮は、ご飯にのせると
箸が止まりません。

もやしだけでおなかいっぱいになる奇跡のおかず！（笑）もちもちカリッの食感がおいしい！

薬膳のヒント

もやし…夏バテやむくみの解消、二日酔いに。解毒作用があり、体の余分な熱を冷ます。

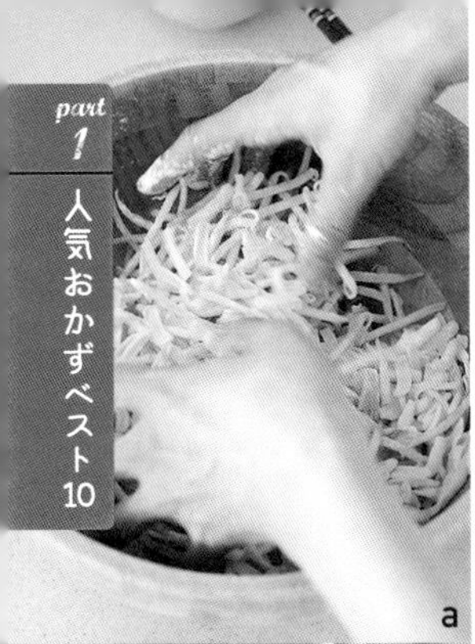
a

b

c

d

4位

安定価格のもやしを使った
家計にうれしい一品
子どもたちのおやつがわりに
年中ヘビーローテーション！

調理時間 20分

もやしチーズチヂミ

材料 4人分

A
- もやし……………… 1と1/2袋（300ｇ）
- ピザ用チーズ…………………………75ｇ
- 片栗粉 ………………………………40ｇ
- 小麦粉 ………………………………30ｇ
- 鶏ガラスープの素（顆粒）
  ……………………………小さじ１と1/2

卵 ………………………………………… 1個
ごま油…………………………………… 適量

作り方

1 ボウルにAを入れ、手で混ぜ合わせる（写真a）。

2 卵を溶きほぐして1に加え、よく混ぜ合わせる。箸だけだと混ぜにくいので、手を使っても（写真b）。

3 フライパンにごま油を熱し、2を入れて両面をこんがり色づくまで焼く（写真c.d）。

＊そのまま食べてもおいしいですが、「しょうゆ＋酢＋ごま油＋粉唐辛子」のタレや「ぽん酢＋ごま油」など、お好みのタレを添えて。

具だくさんで主役級のスープには
25万超のアクセスが！

5位

調理時間
20分

餃子の皮入り酸《サン》辣《ラー》湯《タン》風スープ

材料 4人分

豚こま切れ肉……………………300ｇ
ごま油……………………………適量
絹ごし豆腐………………………1丁

A
- 水……………………………1200mℓ
- 鶏ガラスープの素(顆粒)……大さじ2
- 酒、砂糖………………各大さじ1
- にんにく＆しょうがのチューブ……………各7〜9cm
- オイスターソース、しょうゆ……………各大さじ3

餃子の皮……………………10〜15枚
にら……………………………1束
もやし……………………1袋(200ｇ)
酢…………………………大さじ2〜3
卵………………………………3個

下準備

- Aは混ぜ合わせる。
- 絹ごし豆腐は1〜2cm角に切る。
- 餃子の皮は半分に切る。
- にらは4〜5cm長さに切る。
- 卵は溶きほぐす。

作り方

1 鍋にごま油を熱し、豚肉を入れて肉に火が通るまで炒める。Aを加え、煮立ったら豆腐を加え、アクが出たら取る。

2 再度煮立ったら、餃子の皮を1枚ずつ入れ、にらともやしを加える。煮立ったら溶き卵を回し入れ、ふんわりするまで火を通したら、酢を加えてでき上がり。

簡易な副菜として、きゅうりは不動の人気！
もう1品添えたいときに。

6位

調理時間
10分

塩もみきゅうりのピリ辛和え

材料 4人分

きゅうり…………………………4本
塩……………………………小さじ1

A
- 白いりごま………………大さじ1
- にんにくチューブ…………2〜3cm
- ごま油……………………大さじ2
- 砂糖、酢……………各小さじ1
- コチュジャン…………小さじ2〜3

下準備

- きゅうりは薄い輪切りにする。
- Aは混ぜ合わせる。

作り方

きゅうりに塩をふって全体にいきわたらせ、10分ほどおいてからもんで水分を絞る。Aを加えて和え、器に盛る。

塩もみして水分を絞るので、時間がたっても水っぽくなりません。ほどよい辛みがあとをひきます。

薬膳のヒント

きゅうり…体の余分な熱をとる。高血圧や、肌の赤み、乾燥に。

おなかにたまって、食べごたえもしっかり。満足できるコクうまスープです。

残したいのはもやしのシャッキリ感！　このスープをベースに卵や春雨を加えてアレンジを。具によってみその量を加減してください。

ひき肉のうまみたっぷり！
もやしを大量消費できます。

7位

ひき肉ともやしのピリ辛スープ

調理時間
20分

材料　4人分

豚ひき肉……………………………250g
ごま油………………………………適量
にんにく&しょうがのチューブ
……………………………各6〜7cm
豆板醤………………………小さじ1〜2
A
水…………………………1200mℓ
鶏ガラスープの素（顆粒）…小さじ4
砂糖、みりん、酒………各大さじ1
オイスターソース…………大さじ1
みそ………………………大さじ3〜4
もやし…………………2袋（400g）

下準備

• Aは混ぜ合わせる。

作り方

1 鍋にごま油を熱し、豚ひき肉とにんにく、しょうが、豆板醤を入れて炒める。

2 ひき肉がぽろぽろしてきたらAを加え、煮立ったらみそを溶き入れてもやしを加える。ひと煮立ちしたら器に盛る。

バーベキューや持ち寄りパーティーに持っていくと、箸休めに重宝します。調味料はすべて大さじ１強なので覚えやすい！

調味料の覚えやすさ、大事です！
昆布のうまみでいくらでも。

8位
昆布きゅうり

調理時間 5分

材料 4人分

きゅうり……………………………４本
A　昆布茶（または昆布だしの素）、酢、砂糖……………各大さじ１強
白いりごま（お好みで）……………適量

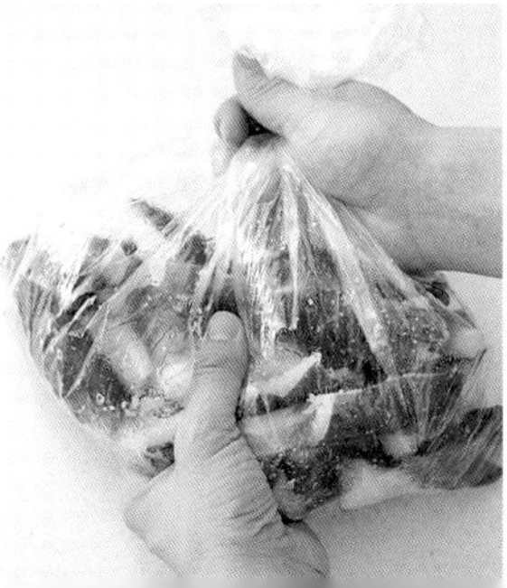

作り方

1. きゅうりはヘタ（なり口）を切って、めん棒（またはすりこぎ）でたたいて手で割る。
2. ポリ袋に*1*とAを入れ、よく混ぜてなじませる。空気を抜いて口を縛り、冷蔵庫で30分以上つける（写真）。
3. 器に盛り、ごまをふる。

9位

おかずがわりのボリュームスープ！
メインをはれるくらいに具をたっぷり。

鶏肉とかき玉トマトのとろみスープ

調理時間 25分

片栗粉を鶏肉にまぶして煮ると、つるんとやわらかく仕上がり、スープにもおいしいとろみがつきます。

材料 4〜6人分

- A
  - 水……1400mℓ
  - 鶏ガラスープの素（顆粒）
  - オイスターソース、みりん……各大さじ1
  - めんつゆ（3倍濃縮）……大さじ6
- 玉ねぎ……1個（正味約200g）
- 鶏もも肉……2枚（約500g）
- 塩、こしょう……各少々
- 片栗粉……大さじ3と1/2
- トマト……1個（正味約200g）
- みそ……大さじ2
- 卵……3個
- 豆苗（お好みで）……適量

下準備

- Aは鍋に入れて混ぜ合わせる。
- 玉ねぎは縦半分に切り、繊維に沿って1cm幅に切る。
- 鶏もも肉はひと口大に切ってポリ袋に入れ、塩、こしょうをしてもみ込む。片栗粉を加えて袋をふって全体にまぶす。
- トマトは8等分のくし形切りにする。
- 卵は溶きほぐす。
- 豆苗は根元を切り落とす。

薬膳のヒント

卵…虚弱体質の改善、精神不安や、不眠に。

作り方

1 Aの鍋に玉ねぎを入れて強めの中火にかけ、煮立ったら鶏肉を1つずつ入れる。再び煮立ったら、弱火で6分ほど煮る。

2 玉ねぎと鶏肉に火が通ったら、トマトを加えてみそを溶き入れ、再度煮立ったら卵を回し入れ、卵がふんわりするまで火を通す。

3 器に盛り、お好みで豆苗をのせる。

レンジから取り出して混ぜたらでき上がり！ うどん、中華めん、そうめん、冷や麦のつけダレの具にしたり、ご飯にのせたり、豆腐にかけたり、レタスに包んだり……。いろいろな食べ方が楽しめる万能肉みそです。

ゆでうどんにかけるだけで肉みそうどんが簡単にできます。

同率10位

応用自在なおかずの「素」をいつも常備。
冷蔵庫に入れておけば、なにかと重宝。

庭にたくさんできた大葉を浅漬けにしてみました。ご飯を巻いたら最高！おにぎりに巻いてもおいしいですよ。

大葉の浅漬け

調理時間 3分

材料 作りやすい分量

大葉……………………………20枚
昆布茶（または昆布だしの素）、砂糖
　……………………………各小さじ2
お湯……………………………大さじ4
しょうゆ………………………小さじ2
酢………………………………大さじ1

下準備

- 大葉は洗って、ペーパータオルで水けを拭く。

作り方

密閉容器に昆布茶と砂糖、分量のお湯を入れて混ぜ溶かし、しょうゆと酢を加え混ぜる。大葉を入れて30分以上漬ける。

万能スタミナ肉みそ

調理時間 15分

材料 4～6人分

豚ひき肉………………………300g
玉ねぎ……………1個（正味約200g）
なす………………3本（正味約200g）
A
　鶏ガラスープの素（顆粒）
　　……………………………大さじ1
　にんにく＆しょうがのチューブ
　　…………………………各6～7㎝
　砂糖、オイスターソース、片栗粉、
　めんつゆ（3倍濃縮）
　　…………………………各大さじ2
　みそ…………………………小さじ4
　ごま油………………………大さじ1
にら……………………………1束
白いりごま（お好みで）…………適量

下準備

- 玉ねぎは粗みじん切りにする。
- なすは1～1.5㎝角に切る。
- にらは1㎝幅に切る。

作り方

1. 耐熱容器に豚ひき肉、玉ねぎ、なす、Aを入れて混ぜ、ふんわりとラップをかけて、600Wの電子レンジで7分加熱する。
2. 取り出して混ぜ、にらをのせる。再度ラップをかけて4分30秒加熱し、器に盛って、お好みでごまをふる。

part 2

“ご飯どろぼう”な
やみつき肉おかず

うまみたっぷりの
味つけで
ご飯のおかわりが
止まらない！

わが家の肉消費は
毎月約25Kg。
特売肉を
とことんおいしくが
日々の料理のキモ。

わが家の場合、肉はとにかく量を食べるので、いつも特売肉をねらっています。行きつけのスーパーの特売日は朝から出陣。車も自転車も乗らないので、歩きで持てるせいいっぱいの量を買って帰りますが、それでも3日間くらいでなくなります。

よく買うのが、鶏もも肉。育ち盛りの子どもたちも、主人も鶏肉が大好き。お弁当にも入れやすいので煮たり焼いたりたっぷり使います。

たいていは安価な豚こま切れ肉を買うことが多いですが、食べやすく、コクの出る豚バラ薄切り肉も消費量が多い食材。またひき肉は特売で大量に買ったときなどは、肉みそにしたり、つくねやハンバーグにしてお弁当用に冷凍保存もしています。

ごまにらチキン

調理時間
10分

甘酸っぱいタレで食欲がないときでもスルッと胃袋へ……おつまみにもおすすめ。

材料 4人分

鶏もも肉………2枚(約500ｇ)
塩、こしょう…………各少々
片栗粉………………大さじ3
ごま油……………………適量
にら………………………1束
A 砂糖、酢、しょうゆ
……………各大さじ2
A 鶏ガラスープの素
……………小さじ1
白いりごま………………適量

下準備

- 鶏もも肉はひと口大に切って、ポリ袋に入れ、塩、こしょうをしてもみ込み、片栗粉を入れたら袋をふって全体にまぶす。
- にらは4㎝長さに切る。
- Aはボウルに入れて混ぜ合わせる。

作り方

1 フライパンにごま油を熱し、鶏肉を入れて両面をこんがり焼き色がつくまで中火で焼き、にらとAを加えて炒め合わせる。

2 器に盛り、ごまをたっぷりふる。

薬膳のヒント

にら…足腰の冷え、疲労回復、目の疲れに。
白いりごま…皮膚の乾燥、便秘に。

調理時間 15分

鶏肉とキャベツのマスタード炒め

キャベツは電子レンジで加熱してから炒めると、炒め時間の短縮に。

材料 4人分

鶏もも肉…… 小２枚(約400ｇ)
塩、こしょう、酒……各少々
バター(有塩)…………大さじ１
キャベツ
…………1/2玉(正味約400ｇ)

A
- 白だし…………大さじ２
- 砂糖……………大さじ１
- 粒マスタード …小さじ２
- コンソメスープの素（顆粒）………小さじ１
- 片栗粉…………小さじ１
- ガーリックパウダー（あれば）…………少々

粗びき黒こしょう(お好みで)
……………………………適量

下準備

- 鶏もも肉はひと口大に切り、塩、こしょう、酒をもみ込む。
- キャベツはざく切りにする。
- Aは混ぜ合わせる

キャベツはレンジで加熱してからざるに上げて水けをきりますが、絞る必要はありません。合わせ調味料に片栗粉が入る場合は、加える直前に再度混ぜてから加えて、手早く炒め合わせます。

薬膳のヒント

キャベツ…食欲増進、胃もたれ、胸のつかえ、胃痛、消化器系の潰瘍予防に。

作り方

1 耐熱容器にキャベツを入れ、ふんわりとラップをかけて600Wの電子レンジで８分30秒加熱し、ざるに上げる。

2 フライパンにバターを熱し、鶏もも肉を中火で炒める。

3 鶏肉に火が通ったら１を加えて炒め、キャベツに油が回ったらAを再度混ぜて加え、手早く炒め合わせる。

4 器に盛り、お好みで粗びき黒こしょうをふる。

白だしと
粒マスタードで
新感覚の味の
誕生です。

さっぱり甘酢煮鶏

調理時間
20分

酢の効果で鶏肉がしっとりさっぱり。冷蔵で2日ほど持ちます。

材料 4人分

鶏もも肉……………………2枚(約550g)

A
- 鶏ガラスープの素(顆粒)……大さじ1
- 砂糖、しょうゆ…………各大さじ2
- 酢……………………………大さじ5

青ねぎの小口切り、粗びき黒こしょう
(お好みで)…………………………各適量

作り方

1 フライパンにAを入れて強めの中火で煮立て、鶏もも肉を重ならないように皮目を下にして並べ入れ、再度煮立ったら、ふたをして弱火で7分煮る。

2 ふたを開けて裏返し、再度ふたをして弱火で5分煮る。そのまま粗熱が取れるまでおく。

3 鶏肉を取り出して2cm幅に切り、器に盛る。

4 フライパンに残った煮汁はとろりとするまで煮詰め、3にかける。お好みで青ねぎをのせ、粗びき黒こしょうをふる。

鶏肉と油揚げのとろみ煮

調理時間
20分

甘めの煮汁が油揚げにじゅわーっとしみて、ほっこり癒やし系のおかずです。

材料 4人分

A
- 水……………………………………600mℓ
- めんつゆ(3倍濃縮)…大さじ6と1/2
- みりん、砂糖……………各大さじ1

油揚げ……………………………………3枚
えのきだけ……………1袋(約200g入り)
鶏もも肉……………………2枚(約550g)
塩、こしょう………………………各少々
片栗粉…………………………………大さじ4
青ねぎの小口切り、白いりごま(お好みで)
…………………………………………各適量

下準備

- 鍋にAを入れる。
- 油揚げは横半分に切ってから、対角線に三角形に切る。
- えのきだけは根元を切り落としてほぐす。
- 鶏もも肉はひと口大に切り、ポリ袋に入れて塩、こしょうをしてもみ込む。片栗粉を加え、袋をふってしっかりまぶす。

作り方

1 Aの鍋を強めの中火にかけて煮立て、油揚げとえのきだけを加える。再度煮立ったら鶏もも肉を1つずつ加えていき、ふたをして弱火で7分ほど煮込み、鶏肉に火を通す。

2 器に盛り、お好みで青ねぎやごまをトッピングしても。

弱火と余熱で
鶏肉に火を通すので
しっとりやわらかく
仕上がります。

片栗粉をまぶして
煮た鶏肉は
トゥルンとした
歯ざわりに。

鶏肉と野菜のみそバター蒸し

調理時間
45分

じっくり蒸し煮にすることで野菜のうまみがじんわりしみ出します。

材料　4～6人分

キャベツ……　大1/2玉（正味約550ｇ）
じゃがいも………　3個（正味約400ｇ）
鶏もも肉………………　2枚（約550ｇ）
塩、こしょう、酒……………各少々
A｜みそ、酒 ……………各大さじ2
　｜砂糖………………………大さじ1
　｜めんつゆ（3倍濃縮）…　大さじ3
バター（有塩）…………………　大さじ2
細かくちぎったパセリ、
　粗びき黒こしょう（お好みで）
　………………………………各適量

下準備

- キャベツは芯を切り取り、3㎝幅のくし形切りにする。
- じゃがいもは皮をむいて2㎝厚さの輪切りにする。
- 鶏もも肉は横半分に切ってボウルに入れ、塩、こしょう、酒をふってもみ込む。
- Aは混ぜ合わせる。

作り方

1 フライパンにキャベツとじゃがいもを並べ入れ、鶏肉をのせてAを回しかけ、バターものせて強めの中火にかける。ジューと音がしてきたら弱火にし、ふたをして全体に火が通るまで40分ほど蒸し煮にする。

2 器に盛り、お好みでパセリと粗びき黒こしょうをふる。

わが家では
フライパンごと
食卓に出して、
アツアツを
食べています。

マヨネーズを
投入することで
照りとコクが
アップします。

うまソースチキン

調理時間
15分

肉はかたくならないように焼いて。お弁当にも人気の一品。

材料 4人分

鶏もも肉……………………2枚(約550g)

A
- ウスターソース……………小さじ5
- 鶏ガラスープの素(顆粒)、砂糖、マヨネーズ、片栗粉…各小さじ2
- オイスターソース…………小さじ1

植物油(米油)……………………………適量
粗びき黒こしょう(お好みで)…………適量
せん切りキャベツ、パセリ、ミニトマト(お好みで)…………………………各適量

作り方

1 鶏もも肉はひと口大に切ってポリ袋に入れ、Aを加えてもみ込む。

2 フライパンに油を薄くひいて熱し、1を入れて中火で焼く。こげないようにひっくり返しながら、こんがりと焼き色がつくまで焼く。

3 器に盛り、お好みで粗びき黒こしょうをふり、キャベツ、パセリ、ミニトマトを添える。

お皿に残ったソースまで……
子どもたちは
あっというまに
平らげてしまいます!

かぼちゃと鶏肉のごま照り炒め

調理時間
15分

かぼちゃの天然の甘みがプラスされて、小さい子どももパクパク食べてくれます。

材料 4人分

かぼちゃ…1/4個(正味約400ｇ)
鶏もも肉………２枚(約500ｇ)
塩、こしょう…………各少々
片栗粉………大さじ２と1/2
ごま油……………………適量
A 砂糖、みりん、酢……………各大さじ１
A しょうゆ………大さじ２
白いりごま…………大さじ２

下準備

- かぼちゃは種を取って食べやすい大きさに切る。
- 鶏もも肉はひと口大に切って、塩、こしょうを全体にまぶし、片栗粉を加えて全体に混ぜる。
- Aは混ぜ合わせる。

薬膳のヒント

かぼちゃ…冷えやだるさ、食欲不振、慢性の疲労や便秘、風邪予防に。

作り方

1 耐熱容器にかぼちゃを入れ、ふんわりとラップをして600Wの電子レンジで５～６分、竹串がスッと通るまで加熱する(写真a)。

2 フライパンにごま油を熱し、鶏肉を入れて中火で焼く。

3 両面こんがり焼けたら、1を加えて炒め合わせる。Aを加え、照りが出るまでさらに炒める。ごまを加えて全体にからめ、器に盛る(写真b)。

a

b

ちょっと甘めのおかずが
お弁当にあると
うれしいですよね！

酢が入るので
さっぱりとして
あとをひくおいしさ。

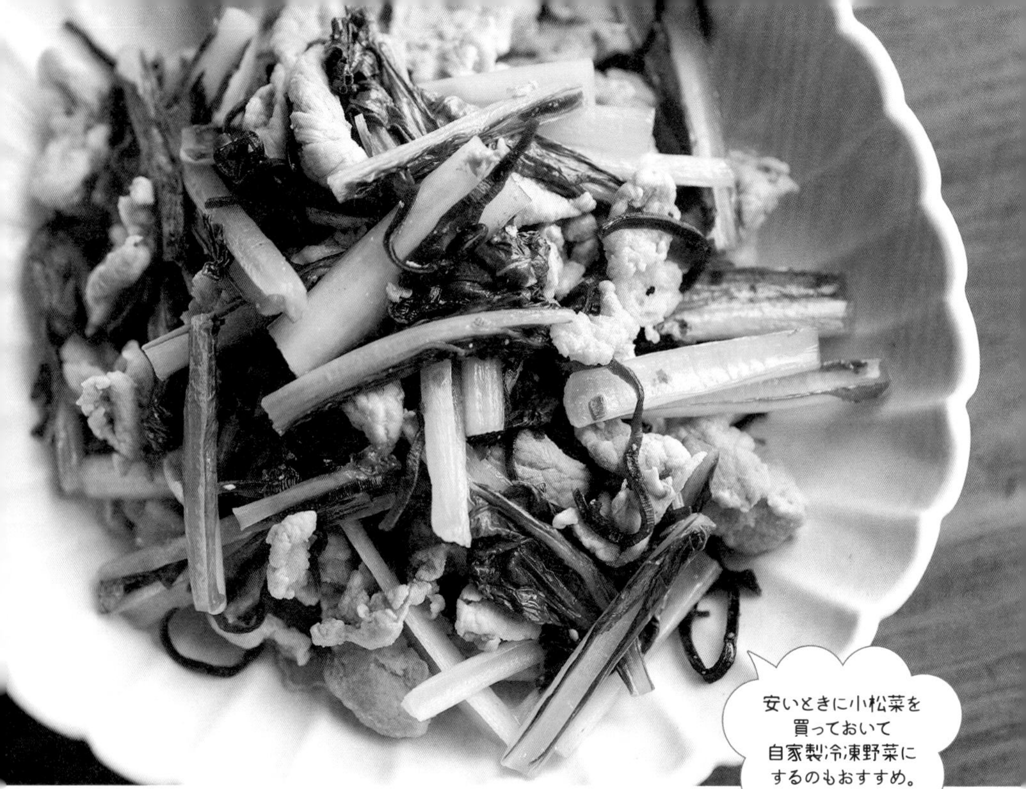

安いときに小松菜を
買っておいて
自家製冷凍野菜に
するのもおすすめ。

豚肉と小松菜の塩昆布マヨ炒め

調理時間
15分

塩昆布のうまみとマヨネーズのコクが効いて、
いつもの肉野菜炒めも、ワンランク上の味わいに。

薬膳のヒント

小松菜…高血圧予防、便秘、イライラや不安感の解消、体のほてりに。

材料　4人分

豚こま切れ肉……………………………350g
マヨネーズ…………………………大さじ1
小松菜………………………1袋(約200g)

A
- 塩昆布……………………………………20g
- マヨネーズ …………………………大さじ1
- 砂糖………………………………小さじ2

下準備

- 小松菜は根元を切り、4cm長さに切る。

作り方

1. フライパンにマヨネーズを入れてから火をつけ、フツフツ溶けはじめたら豚肉を入れて強めの中火で炒める。
2. 豚肉に火が通ったら、小松菜の茎部分を炒め、しんなりしたら葉の部分とAを加えて炒め合わせ、器に盛る。

常備菜っぽく
多めに作っておくと、
おかずがあと1品
足りないときに便利。

スタミナきんぴらごぼう

調理時間
15分

ご飯にのせてどんぶり風にしてもおいしい！

材料 4人分

豚バラ薄切り肉 …………………… 200g
ごぼう …………………………… 1本
ごま油 …………………………… 適量
A しょうゆ、砂糖 ……………… 各大さじ1
A みりん、オイスターソース … 各小さじ2
A にんにく＆しょうがのチューブ …………………… 各4～5cm
白いりごま ……………………… 大さじ2

薬膳のヒント

ごぼう…体の余分な熱を冷ます。コレステロールの抑制、高血圧、便秘、のどの炎症に。

下準備

- 豚肉は5～8cm長さに切る。
- ごぼうはささがきにして水にさらし、ざるに上げてしっかり水けをきる。
- Aは混ぜ合わせる。

作り方

1 フライパンにごま油を熱し、豚肉とごぼうを入れて強めの中火で炒める。

2 豚肉に火が通ったら、Aを加えて汁けを飛ばしながら強火で1～2分炒め、ごまを加えて全体にからめる。

合わせ調味料で
豚肉にしっかりと下味を
つけます。
具材を炒めすぎない
ように!

回《ホイ》鍋《コー》肉《ロー》風

調理時間
15分

調味料は３つだけなのに、ちゃんと本格的な味がします！

材料　4人分

キャベツ……………1/2玉（正味約450ｇ）
ピーマン…………………………………２個
豚バラ薄切り肉……………………350ｇ
ごま油…………………………………適量
A｜みそ、オイスターソース
｜……………………………各大さじ３
｜砂糖…………………………大さじ２
白いりごま（お好みで）………………適量

下準備

- キャベツはざく切りにする。
- ピーマンと豚肉は食べやすい大きさに切り、豚肉にAを入れもみ込む。

甘めの味つけで、子どもたちはピーマンももりもり食べてくれます。お好みでにんにくチューブをプラスしてもおいしいです。キャベツは買ってきてすぐに洗い、ざく切りにして保存用ジッパー袋に入れておくと、あれこれ手軽に使い回せて便利。

作り方

1 耐熱容器にキャベツを入れ、ふんわりとラップをかける。600Wの電子レンジで６分加熱し、ざるに上げて水けをきる（絞らなくてもよい）。

2 フライパンにごま油を熱し、豚肉を入れて炒める。肉の色が変わってきたらピーマンを加えて炒める（写真）。

3 豚肉に火が通ったら１を加え、強火で炒め合わせる。

4 器に盛り、お好みでごまをふる。

豚肉の甘酢ねぎ炒め

調理時間
10分

ねぎが２本分、たっぷり！ 豚肉が甘酢でさっぱり食べられます。

ねぎを大量に
消費できて、
確実においしい！
わが家の定番です。

材料 ４人分

豚バラ薄切り肉 ………450ｇ
ごま油 ……………………適量
A しょうゆ、砂糖、酢 ……………各大さじ２
A 鶏ガラスープの素（顆粒） ………………小さじ２
長ねぎ …………………… ２本
白いりごま …………小さじ２

下準備

- 豚肉は食べやすい大きさに切る。
- 長ねぎはみじん切りにする。
- Ａは混ぜ合わせる。

作り方

1 フライパンにごま油を熱し、豚肉を入れて強めの中火で炒める。

2 肉に火が通ったらＡを加えて強火で炒め、長ねぎとごまを加えてさっと炒める。

ねぎたっぷりの甘酢炒めは、さっぱりしながらコクのある味わい。油が多い豚バラがおすすめですが、豚こまでもOK。

薬膳のヒント

長ねぎ…発汗作用があり、風邪の予防や風邪の初期症状に効果あり。冷え性解消や胃腸の働きを整える効果も。

油のかわりに
マヨネーズで炒めると、
コクもうまみも
アップ！

たっぷり野菜のみそマヨ炒め

調理時間
15分

合わせ調味料に片栗粉を入れると、味がしっかりからみます。

材料 4人分

豚こま切れ肉……………200ｇ
マヨネーズ…… 大さじ1～2
塩、こしょう…………… 各少々
キャベツ
……… 1/2玉（正味約350ｇ）
生しいたけ………………… 6個
A
みそ……………… 大さじ2
片栗粉…… 小さじ1と1/2
白だし、砂糖
……………… 各大さじ1

下準備

- キャベツは1cm幅に切る。
- 生しいたけは軸を切って1cm厚さに切り、軸は石づきのかたい部分を切って裂く。
- Aは混ぜ合わせる。

作り方

1 フライパンにマヨネーズを入れて中火にし、まわりがフツフツ溶けはじめたら豚肉を入れ、塩、こしょうをして炒める。

2 豚肉に火が通ったら、キャベツとしいたけを加えて炒める。

3 全体に火が通ったらAを再度混ぜて加える。手早く炒め合わせ、器に盛る。

くたっと煮えた
キャベツから
甘みがじんわり。
いつもお鍋いっぱいに
作ります。

豚だんごとキャベツのうま塩鍋

調理時間
15分

メインは豚だんごとキャベツの２品だけ、なのにこの味わい深さ……
キャベツがたっぷり食べられちゃうヘルシーなお鍋。

豚だんごはひと口サイズなので
子どもたちもパクパク。
うまみたっぷりのスープまで
残さず飲み干してくれます。

材料　4人分

豚ひき肉……250g

A
- オイスターソース、砂糖、みそ、ごま油……各小さじ2

玉ねぎ……1/2個（正味約120g）

片栗粉……大さじ3

B
- 水……1000mℓ
- みりん、酒……各大さじ1
- 塩……小さじ1
- 鶏ガラスープの素……小さじ4

キャベツ……1/2玉（正味約450g）

塩、こしょう……各適量

ごま油……小さじ1

下準備

- キャベツはざく切りにする。
- 玉ねぎはみじん切りにして、片栗粉をまぶす。

作り方

1. ボウルに豚ひき肉を入れ、Aを加えてよく練り、玉ねぎを加えて練り混ぜる。
2. 鍋にBを入れて強火にかけ、煮立ったら中火にし1を直径3cmのボール状に丸めて加える（写真a）。
3. 豚だんごが浮いてきたらキャベツを加え、やわらかくなるまで煮る。
4. 味をみて塩、こしょうで味を調え、ごま油をたらす（写真b）。

a

b

キャベツは
細めに切ったほうが
卵とからんで
おいしいです。

たっぷりキャベツの卵炒め

調理時間
15分

合わせ調味料に片栗粉を加え、卵も一度取り出して……ふんわり感が〝肝〟です。

材料 4人分

卵……4個
ごま油……適量
豚ひき肉……200g
キャベツ……1/2玉(正味約400g)
A
オイスターソース、白だし……各大さじ2
砂糖……小さじ2〜3
片栗粉……小さじ2
粗びき黒こしょう(お好みで)……適量

下準備

- 卵は溶きほぐす。
- キャベツは1〜2cm幅に切る。
- Aは混ぜ合わせる。

作り方

1 フライパンにごま油を熱して卵を入れ、ふんわり半熟状になるまで火を通していったん取り出す(写真)。

2 1のフライパンにごま油を熱し、ひき肉を炒める。

3 ひき肉の色が変わって火が通ったら、キャベツを加え炒める。

4 キャベツがしんなりしてきたら、Aを再度混ぜて加え、手早く炒め合わせる。1の卵を戻し入れ、さっと和える。

5 器に盛り、お好みで粗びき黒こしょうをふる。

じゃが玉麻婆

調理時間
20分

たっぷり加えた玉ねぎと豆板醤が味の決め手の自信作！
炊きたてご飯と合いすぎます！

材料　4人分

豚ひき肉……………………………………150ｇ
玉ねぎ……………………大１個（正味約250ｇ）
ごま油………………………………………適量
豆板醤……………………………………小さじ１
じゃがいも …………………４個（正味約500ｇ）

A
- 水………………………………………１カップ
- みそ、オイスターソース、砂糖、みりん、酒…………………………………各大さじ１
- にんにく&しょうがのチューブ………………………………各６〜７㎝
- 鶏ガラスープの素 ……………………小さじ２

〈水溶き片栗粉〉

B
- 片栗粉 ……………………………………大さじ１
- 水…………………………………………大さじ２

下準備

- 玉ねぎは粗みじん切りにする。
- じゃがいもは皮をむいて、小さめのひと口大に切る。
- Aは混ぜ合わせる。

作り方

1. 中華鍋（またはフライパン）にごま油と豆板醤を入れて熱し、ひき肉と玉ねぎを入れて炒める。
2. ひき肉に火が通ったらじゃがいもとAを加え、煮立ったらふたをして弱火で煮る。
3. じゃがいもに火が通ったらBの水溶き片栗粉を加えながら手早く混ぜてとろみをつけ、１分ほど煮て器に盛る。

ひき肉とじゃがいもは
ベストマッチな
組み合わせですが
このおかずは……
ハンパないです（笑）。

part3

「えー、今日、お肉じゃないの？」と家族に言わせない！

厚揚げ、豆腐、こんにゃく……かさましおかず

肉を減らしても おなかにたまる 重宝素材を つねにストックして フル活用。

家族みんなのおなかを満たすため、そして食費をなるべくおさえるため、かさましできるおかずはわが家の定番。少ない肉でも満足いくように、肉がなくても満足いくように……。

そこで、よく使うのは絹厚揚げ。揚げてある分、食べごたえがあるので、肉のかわりとしても重宝しています。

子どもたちは、こんにゃくが大好きなのも食費面では大助かり。からいりしてから調理するとアク抜きいらずで、食感もよくなります。

豆腐もお助け食材。おかずにも、スープにも、ヘルシーにボリュームアップできてうれしいですよね。そしてなんといっても、かさましに重宝なのが、野菜。とくに季節の食材を意識して取り入れています。旬の野菜は栄養価も高く、値段も安価になるので葉もの、根菜ともにたっぷりいただきます。

厚揚げと納豆。
大豆のたんぱく質を
たっぷりとれて
ヘルシー！

厚揚げのおろし納豆のせ

調理時間
10分

おろし納豆はご飯や豆腐、ゆで豚、ゆで鶏にのせると相性抜群。

材料　2〜4人分

絹厚揚げ……………………… 2枚（300g）
大根おろし（耳たぶくらいのかたさに絞る）
……………………………………150g
納豆 ……………………………… 1パック
削りぶし ………………大1パック（4.5g）
A
- 納豆の付属たれ……………… 1個分
- ぽん酢…………大さじ2〜2と1/2
- 砂糖…………………………小さじ2
- マヨネーズ ………………大さじ1

青ねぎの小口切り …………………… 適量

作り方

1. ボウルに大根おろし、納豆、削りぶし、Aを入れて混ぜ合わせる。
2. 絹厚揚げはオーブントースター（または魚焼きグリル）で表面がカリッとなるまで焼いて、1をのせて青ねぎをのせる。

薬膳のヒント

納豆…血行不良による冷えや肩こり、美肌、生活習慣病予防に。

厚揚げのツナチーズグリル

調理時間
15分

わが家では朝ごはんに主食のかわりとしてよく登場。
時間がないときも、満足度大な一品！

材料 2〜4人分

- ツナ缶(油漬け)…… 1缶(70g)
- A
  - マヨネーズ、ケチャップ……各大さじ1
  - コンソメスープの素(顆粒)……小さじ1弱
  - 砂糖……小さじ1
  - ガーリックパウダー(あれば)……少々
- 絹厚揚げ……2枚(300g)
- 青ねぎの小口切り……適量
- スライスチーズ(とろけるタイプ)……2枚

作り方

1. ツナはオイルを軽くきり、Aを混ぜる。
2. 絹厚揚げに1を半量ずつのせ、青ねぎ、スライスチーズの順にのせる。
3. オーブントースターでこんがり焼き色がつくまで焼く。

オーブントースターのかわりに魚焼きグリルやオーブンでもOK。チーズがこんがり色よく焼けたらでき上がりです。

厚揚げと豚肉のポークチャップ風

調理時間 15分

安価な豚こま切れ肉は、片栗粉をまぶして炒めるとかたくならず、ジューシー。

材料　4人分

豚こま切れ肉…………200g
塩、こしょう、酒……各少々
片栗粉…………………小さじ2
玉ねぎ…………小1個または大1/2個(正味約150g)
バター(有塩)…大さじ1〜2
絹厚揚げ…………2枚(300g)
A
トマトケチャップ…………………大さじ3
中濃ソース……大さじ1
コンソメスープの素(顆粒)、砂糖……………各小さじ2
にんにくチューブ…………………4〜5cm
乾燥パセリ、粉チーズ…………………………各適量

下準備

- 豚肉はポリ袋に入れ、塩、こしょう、酒を加えてもみ込む。片栗粉を加え、袋をふって全体にまぶす。
- 玉ねぎは縦半分に切って、繊維に沿って薄切りにする。
- 厚揚げは横半分に切ってから1cm厚さに切る。
- Aは混ぜ合わせる。

作り方

1. フライパンにバターを熱し、豚肉と玉ねぎを炒める。
2. 豚肉の色が変わって火が通ったら、厚揚げを加えて炒める。
3. 全体に火が通ったら、Aを加えて炒め合わせる。
4. 器に盛り、乾燥パセリと粉チーズをふる。

材料を加えるたびにサッと火を通しながら炒めるのがコツ。とくに厚揚げは形をくずさないように手早く。

ケチャップとソースの合わせ技で淡白な厚揚げもこってり味に。

厚揚げとキムチのチーズ焼き

調理時間 15分

マヨネーズとチーズでキムチがマイルドに。家事に疲れてぐったり……な日でもこの一品なら、作れる手軽さ(笑)。わが家では子どもたちにも人気です。

材料　2～4人分

絹厚揚げ………… 2枚(300g)
キムチ ……………………50g
A
- マヨネーズ ……大さじ2
- めんつゆ(3倍濃縮)、砂糖 ………各小さじ1

スライスチーズ(とろけるタイプ)……… 2枚

下準備

- キムチはキッチンバサミで細かく刻む。

作り方

1. ボウルにキムチを入れ、Aを加えて混ぜる。
2. 絹厚揚げに1、スライスチーズの順にのせ、オーブントースターでこんがり色づくまで焼く。

キムチをまな板で切ると、色移りや手に臭いがついたり……というのが気になりますがキッチンバサミを使えば楽勝。定期的に包丁を研いでますが、そのときにキッチンバサミもメンテナンスして切れ味をよくしています。

薬膳のヒント

唐辛子…冷えからくる肩こりや関節痛に。殺菌効果が期待でき、血のめぐりを改善。

にんじんと厚揚げとツナの卵炒め

調理時間
15分

にんじん×ツナ×マヨネーズという間違いない組み合わせに、厚揚げを投入！

材料　4人分

にんじん……………2本（正味300ｇ）
マヨネーズ……………大さじ１～２
絹厚揚げ……………………２枚（300ｇ）
ツナ缶（油漬け）……………１缶（70ｇ）
A
オイスターソース、白すりごま
……………………各大さじ１
昆布だしの素…………小さじ２
にんにく＆しょうがのチューブ
……………………各４～５cm
砂糖…………………小さじ１～２
卵……………………………………３個
白いりごま（お好みで）……………適量

下準備

- にんじんは皮をむいて５cm長さの細切りにする。
- 厚揚げは横半分に切ってから１cm幅に切る。
- 卵は溶きほぐす。
- Aは混ぜ合わせる。

作り方

1 フライパンにマヨネーズを入れて中火にかけ、まわりがフツフツ溶け出したら、にんじんを加えて炒める。

2 にんじんに半分くらい火が通ったら、厚揚げと軽く油をきったツナを入れて炒める。

3 全体に火が通ったら、Aを加えて炒め合わせ、まん中をあけて卵を流し入れ、半熟状になるまで箸で混ぜながら火を通してから全体を合わせる。

4 器に盛り、お好みでごまをのせる。

にんじんの甘みがひき立って、いくらでも食べられるおいしさ！

鶏肉と厚揚げの お好み焼きソース照り焼き

調理時間 20分

このままではもちろん、お好み焼きのように削りぶし、
青のり、マヨネーズをかけて食べても激ウマ。

材料　4人分

鶏もも肉……………………大１枚（約300ｇ）
塩、こしょう……………………………各少々
絹厚揚げ…………………………２枚（300ｇ）
片栗粉………………………………大さじ４
植物油（米油）………………………………適量
A
お好み焼きソース…………大さじ４
和風だしの素（顆粒）…………小さじ１
砂糖、しょうゆ…………各小さじ２

下準備

- 鶏もも肉はひと口大に切る。
- 絹厚揚げは３㎝角に切る。
- Aは混ぜ合わせる。

作り方

1. ポリ袋に鶏もも肉を入れ、塩、こしょうをしてもみ込み、厚揚げも加える。片栗粉を加え、袋をふって全体にまぶす。
2. フライパンに油を熱し、1を入れて中火で焼く。
3. 厚揚げは全面に焼き目がつくように、鶏肉は全体に火が通るように転がしながら焼き、表面をカリッとさせる。
4. Aを加えて手早く全体にからめ、照りが出るまで炒める。

調理時間
15分

豚肉と厚揚げのごまマヨ炒め

めんつゆとみそで炒めてコクアップ！ 削りぶしとすりごまで風味豊かに仕上げます。

材料　4人分

豚こま切れ肉……………………… 200g
マヨネーズ…………… 大さじ１～２
絹厚揚げ………………… ２枚(300g)
キャベツ……1/4個強(正味約250g)
削りぶし……………… １パック(4.5g)
すり白ごま…………………… 大さじ１
A　めんつゆ(３倍濃縮)…… 大さじ２
A　砂糖………………………… 大さじ１
A　みそ…………………………… 小さじ２

下準備

- キャベツは１cm幅に切る。
- 厚揚げは横半分に切ってから１～1.5cm幅に切る。
- Aは混ぜ合わせる。

作り方

1. フライパンにマヨネーズを入れて中火にし、まわりがフツフツ溶けはじめたら豚肉を入れて炒める。
2. 豚肉に火が通ったら、厚揚げとキャベツを加えて炒める。
3. 全体に火が通ったら、削りぶし、すりごま、Aを加え、炒め合わせて器に盛る。

厚揚げと玉ねぎのしょうが焼き風

調理時間 20分

豚のしょうが焼きならぬ、絹厚揚げのしょうが焼き。しょうがは生を使うとさらに風味豊か。

材料　4人分

玉ねぎ……………大1個（正味約250g）
ごま油………………………………適量
絹厚揚げ……………………2枚（300g）
A
- しょうゆ……………大さじ1と1/2
- 砂糖…………………………大さじ1
- オイスターソース………小さじ2
- しょうがチューブ……… 6～7㎝

青ねぎの小口切り、
白いりごま（お好みで）…………各適量

下準備

- 玉ねぎは縦半分に切り、繊維に沿って薄切りにする。
- 厚揚げは1㎝幅に切る。

作り方

1. フライパンにごま油を熱し、玉ねぎを入れて中火で炒める。しんなりしてきたら、厚揚げを加え炒める。
2. 全体に火が通ったらAを加え、照りが出るまで強火で炒める。
3. 器に盛り、お好みで青ねぎとごまをふる。

肉がなくても
食べごたえ
バッチリ！

薬膳のヒント

たまねぎ…血液をサラサラにし、疲労回復に。おなかの張りや、生活習慣病予防に。

こんにゃくと鶏肉の大葉バター炒め

調理時間
15分

こんにゃくは常温保存が可能なものもあるので、ストックしておくと重宝。
からいりして水分を飛ばすとプリップリに！

わが家では
こんにゃくを
かたちづくるのを
子どものお手伝いに。

材料　4人分

こんにゃく……1枚
鶏もも肉……大2枚(約600ｇ)
塩、こしょう、酒……各少々
バター(有塩)……大さじ1～2
A　しょうゆ……大さじ2
　　砂糖……大さじ1と1/2
大葉……20枚
白いりごま(お好みで)……適量

下準備

- 鶏もも肉はひと口大に切り、塩、こしょう、酒をもみ込む。
- 大葉はせん切りにする。
- Aは混ぜ合わせておく。

作り方

1 こんにゃくは8㎜厚さくらいに切り、中央に縦に2～3㎝ほど切り込みを入れる。切り込みにこんにゃくの端を入れて、くるんと返して手綱こんにゃくにする(写真a)。

2 フライパンを熱して1を入れ、強めの中火でからいりして水分を飛ばす(キューキューと音がするまで)。

3 鶏肉とバターを加えて中火で3～4分炒め、鶏肉に火が通ったらAを加え、水分が飛んで照りが出るまで強火で炒める。

4 大葉を加えてさっと炒め合わせて器に盛り、お好みでごまをふる。

薬膳のヒント

こんにゃく…消化不良の改善、便秘や、膀胱炎、肥満の改善に。

a

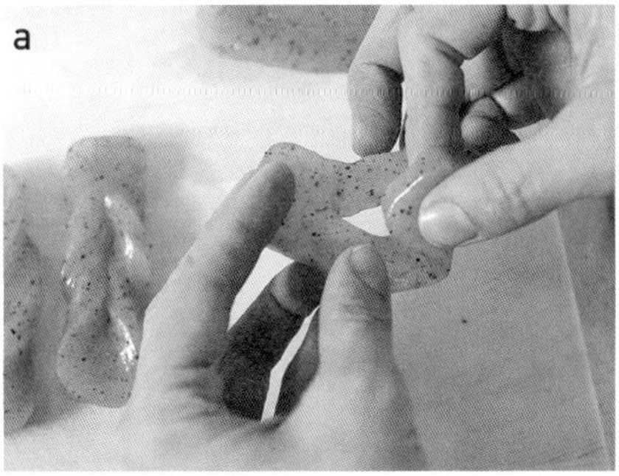

豚肉と豆腐のとろ〜り豆乳煮

調理時間
20分

豆乳に片栗粉を加えるから、とろみづけが簡単！

とろ〜り
まろやかな
口あたり。
ペロリといけます。

材料　4人分

豚バラ薄切り肉 ………180ｇ
ごま油……………………… 適量
にら ……………………… 1/2束
絹ごし豆腐……………… 1丁

A
白だし…………大さじ3
みりん、酒 …各大さじ1
砂糖……………小さじ2

B
無調整豆乳 ………250mℓ
片栗粉…………大さじ1

下準備

- 豚肉は5㎝長さに切る。
- にらは4㎝長さに切る。
- AとBはそれぞれ混ぜ合わせる。
- 豆腐を8等分に切る。

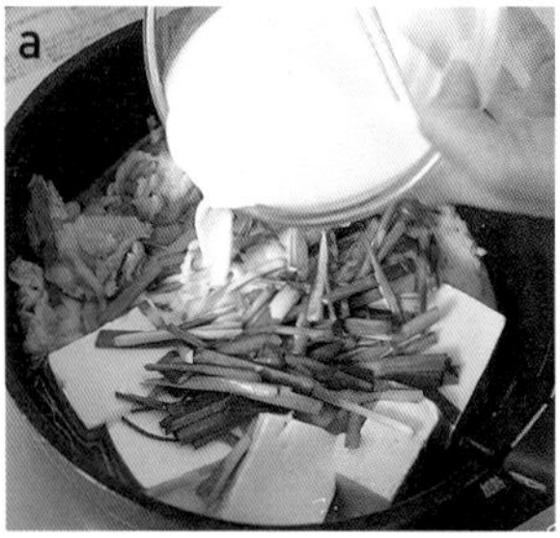
a

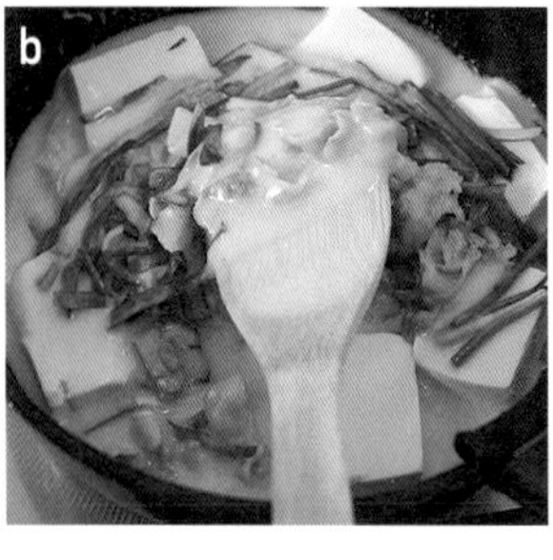
b

作り方

1 フライパン（または中華鍋）にごま油を熱し、豚肉を中火で炒める。

2 豚肉に火が通ってきたら、豚肉を1か所に寄せて豆腐を入れ、にらをのせてAを加え、ふたをして弱めの中火で4〜5分蒸し煮にする。

3 ふたをあけ、Bを再度混ぜてから加え、混ぜながらとろみがつくまで火を通し（写真a.b）、器に盛る。

味もよくしみ込んで、
クセになる
おいしさです。

こんにゃくとひき肉のみそマヨ炒め

調理時間
20分

こんにゃくはちぎるので包丁いらずだし、からいりするのでアク抜きも不要。
食べごたえがあるから、メインをはれるおかずです。

材料　4人分

こんにゃく…………………… 2枚(440g)
豚ひき肉……………………………200g
マヨネーズ………………………大さじ2
A
　砂糖…………………………大さじ1
　にんにくチューブ……… 6〜7cm
　みそ…………………………大さじ2
　オイスターソース………小さじ2
青ねぎの小口切り(お好みで)………適量

下準備

- こんにゃくはひと口大に手でちぎる。
- Aは混ぜ合わせる。

作り方

1. フライパンを熱してこんにゃくを入れ、強めの中火でからいりして(写真)水分を飛ばす(キューキューと音がするまで)。
2. ひき肉とマヨネーズを加えて中火で炒め、肉に火が通ったらAを加えて炒め合わせる。
3. 器に盛り、お好みで青ねぎをのせる。

こんにゃくと豚肉の中華炒め

調理時間
10分

どれも火が通りやすい食材ばかりだから、時短。しっかり中華味はさめてもおいしい。

材料　4人分

こんにゃく……2枚(440g)
ごま油……適量
豚バラ薄切り肉……160g
塩、こしょう、酒……各少々
しめじ……1パック
A 酒、砂糖、しょうゆ、オイスターソース、
　鶏ガラスープの素……各大さじ1
　片栗粉……小さじ2
粗びき黒こしょう、白いりごま(お好みで)
……各適量

ぷりぷりな
こんにゃくの食感が
楽しい。

下準備

- こんにゃくは1㎝幅に切る。
- 豚肉は食べやすい大きさに切り、塩、こしょう、酒をまぶす。
- しめじは石づきを切り落として小房に分ける。
- Aは混ぜ合わせる。

作り方

1. フライパンを熱し、こんにゃくを入れて強めの中火でからいりして水分を飛ばす。ごま油と豚肉を加えて炒め、豚肉の色が変わったらしめじを加えて炒める。
2. 全体に火が通ったら火を止めて、Aを再度混ぜて加え、手早く混ぜて再び火をつけ、とろみがついたらでき上がり。
3. 器に盛り、お好みで粗びき黒こしょうとごまをふる。

調理時間
20分

はんぺんともやしの豚つくね

ひき肉にはんぺんともやしを混ぜて、ボリュームアップ。包丁不要で作れます！

わが家で作る
"つくね"ははんぺんを
入れてふっくら、
もっちり食感に！

材料　4人分

豚ひき肉………………… 350g
はんぺん(大判)…………… 1枚
A | 鶏ガラスープの素、砂糖 …………… 各小さじ2
A | 片栗粉…………大さじ2
もやし…………… 1袋(200g)
ごま油……………………適量
B | オイスターソース、マヨネーズ、みりん …………… 各小さじ2
B | トマトケチャップ ………………大さじ1

下準備

- AとBは混ぜ合わせる。

作り方

1 ボウルにひき肉、はんぺん、Aを入れて練り混ぜ、もやしを加えてさらに練り混ぜ、8等分にしてそれぞれ小判形に成形する。
＊成形のときもやしがポキポキ折れてもOK。

2 フライパンにごま油を熱し、1を並べ入れて中火でこんがり焼いてひっくり返し、ふたをして3分ほど焼く。

3 両面がこんがり焼けたら、フライパンに出た油をペーパータオルで拭き取り、Bを加えてさっと全体にからめる。

part 4

作業の手間も
洗い物も
“チン”して減らす!

“時間”も“お金”も
トクするおかず

FROM MATSUYAMA'S KITCHEN

気づくと1日キッチンに立っていることも。時短料理は"自分時間をつくる"ために欠かせません。

家族が多いのと品数もそれなりに作らなくてはいけないので、キッチンコンロは大きめのフライパンや鍋でふさがりがち。そんなときに便利なのがレンジ調理です。

夏の暑いときにあまり火を使いたくないときや、忙しかったり疲れていて余裕のないときにも気持ちの負担が減りますし、鍋やフライパンを使わずに耐熱容器だけで作れるので、洗い物も少なくすみます。

また、レンジで調理している間はコンロで同時にほかの調理に取りかかれるので、時短にもつながります。

そしてなんといってもレンジ調理は素材の水分と調味料だけでの無水調理もできるので、うまみも栄養も凝縮されておいしさも栄養もばっちりに！　作り置きにも活用しています。

電子レンジ調理に使う耐熱容器は、鶏もも肉を2枚並べられる大きさのものや、煮物などが吹きこぼれないような深さの耐熱ボウルがあると便利。ラップはきっちりとかけると加熱中に破れることもあるのでふんわりとかけます。

電子レンジの種類や、耐熱容器の種類、食材の大きさや食材の温度などで加熱状態は変わるので、中まで火が通っているか確認をして、加熱不十分な場合は30秒ずつ追加で加熱してください。

やっぱり人気は肉料理！　メインのおかずがレンジでできると本当に助かりますよね。ほかにも、肉みそやミートソースなどの万能作り置きおかずも人気。あと1品の野菜の副菜もレンジがあれば楽勝です。

調理時間
15分

鮭のじゃがバター蒸し

バターと鮭は相性抜群！ 洗い物も耐熱容器だけであと片づけもラクチンなおかず。

材料 4人分

じゃがいも
…………3個(正味約350ｇ)
甘塩鮭(切り身)…………4切れ
しめじ…………………1パック
めんつゆ(3倍濃縮)
………………………大さじ2
バター(有塩)…………大さじ2
乾燥パセリ(お好みで)……適量

下準備

- じゃがいもは皮をむいて食べやすい大きさに切る。
- 甘塩鮭は食べやすい大きさに切る。
- しめじは石づきを切り落として小房に分ける。

作り方

1 耐熱容器にじゃがいもを入れ、ふんわりとラップをかけて600Wの電子レンジで5分加熱する。

2 取り出してラップをはずし、甘塩鮭、しめじ、バターをのせる。めんつゆを回しかけて再度ラップをし、さらに6分加熱する。

3 器に盛り、お好みで乾燥パセリをふる。

薬膳のヒント

鮭…おなかの冷えを改善、疲労回復、むくみ予防も。

火を使わず
レンジだけで
すべて完了です。

あと一品ほしいとき、
常備している材料で
すぐにできます。

レンチンツナじゃが

調理時間
15分

じゃがいもはレンジで加熱するので簡単時短！

材料 4人分

じゃがいも……………………… 4個（正味約400g）
ツナ缶（油漬け）………………………… 1缶（70g）
A｜めんつゆ（3倍濃縮）、みりん…… 各大さじ2
　｜オイスターソース……………………大さじ1

下準備

- じゃがいもは皮をむいてひと口大に切る。
- ツナ缶は軽く油をきる。

作り方

耐熱容器にじゃがいも、ツナ、Aを入れて混ぜ、ふんわりとラップをかけて600Wの電子レンジで8分30秒加熱し、そのまま5分おいてひと混ぜし、器に盛る。

じゃがいもとツナだけでできるお助けおかず。ツナのうまみがしみたじゃがいもが最高においしいです。

薬膳のヒント

まぐろ（ツナ）…血行促進、血液サラサラ効果あり。コレステロールを下げたり、動脈硬化予防に。

カレー風味だから
ピーマンが苦手な
子どもも大丈夫。

カレー風味のピーマン春雨

調理時間
15分

片栗粉を少し加えているので、ひき肉がしっとり仕上がります。

材料 4人分

豚ひき肉……………………………200g

A
- カレー粉、片栗粉………各小さじ2
- 砂糖…………………………小さじ4
- オイスターソース、めんつゆ（3倍濃縮）……各大さじ2

玉ねぎ…………………1/2個（正味約100g）

ピーマン…………………………………6個

緑豆春雨……………………………80g

粗びき黒こしょう（お好みで）…………適量

下準備

- 玉ねぎは繊維に沿って薄切りにする。
- ピーマンは縦半分に切ってヘタと種を取り、細切りにする。

作り方

1. 耐熱容器にひき肉とAを入れて混ぜ、玉ねぎとピーマンも加えて混ぜる。ふんわりとラップをかけて600Wの電子レンジで6分30秒加熱する。
2. レンジにかけている間に、緑豆春雨を熱湯（分量外）に2分浸して戻し、ざるに上げてキッチンバサミで食べやすい長さに切る。
＊戻したあと、水にさらさない。
3. 1を取り出してひき肉をほぐすようにして全体を混ぜ、再度ラップをかけて1分30秒加熱し、2を加えて混ぜる。
4. 器に盛り、お好みで粗びき黒こしょうをふる。

きのこの和風ナムル

調理時間
10分

レンジで常備菜！ 塩昆布と削りぶし、きのこはどれもうまみの宝庫。
きのこのなかでもお手軽価格のえのきだけとしめじが大活躍です。

材料　作りやすい分量

えのきだけ		2袋(200g入りを2つ)
しめじ		1パック(200g入り)
塩昆布		大さじ6
削りぶし		1パック(4.5g)
A	すり白ごま	大さじ2
A	砂糖	小さじ2
A	ごま油	大さじ1

薬膳のヒント

えのきだけ…便秘、食欲不振、動脈硬化、肌あれ、疲労回復に。
しめじ…貧血、便秘、高血圧、ガン予防、美肌に。

下準備

- えのきだけは根元を切り落として半分の長さに切り、ほぐす。
- しめじは石づきを切り落として、小房に分ける。

作り方

1. 耐熱容器にえのきだけとしめじを入れ、ふんわりとラップをかけて、600Wの電子レンジで8分30秒加熱する。
2. 取り出してラップをはずし、熱いうちに塩昆布、削りぶし、Aを加えて混ぜ、器に盛る。

鶏肉の塩レモン蒸し

調理時間
15分

レモンが効いたねぎ塩だれが味の決め手。
レモン汁は市販のレモン果汁でもOK。

材料 4人分

鶏もも肉……………… 2枚(約550g)
塩、こしょう、酒……………各少々
長ねぎ……………………………… 2本

A
- 鶏ガラスープの素(顆粒)
　………………………… 小さじ4
- 砂糖……………………… 大さじ1
- 塩………………………小さじ1/4
- レモン汁………………… 大さじ4
- ごま油…………………… 大さじ2

粗びき黒こしょう(お好みで)……適量

作り方

1 長ねぎは粗みじん切りにしてAと混ぜ合わせる。

2 耐熱容器に鶏もも肉を入れ、塩、こしょう、酒をまぶしてもみ込む。1をのせてふんわりとラップをかけ、600Wの電子レンジ で5分加熱する。

3 取り出してラップをはずし、鶏肉の上下を返して再度ラップをし、さらに4分加熱してそのまま5分おく。
＊加熱が不十分な場合は、30秒ずつ追加する。

4 食べやすく切り分けて器に盛り、お好みで粗びき黒こしょうをふる。

レンジでできちゃう!
さわやか味で
ヘルシーな一品。

レンジで簡単！
味がしっかりしみた
やわらか大根が
美味。

大根とえのきだけのそぼろ煮

調理時間 20分

とろーりとおいしいそぼろ煮。めんつゆを使うと簡単に味が決まります。

材料　4人分

鶏ひき肉……120g

A
- 水……100㎖
- めんつゆ（3倍濃縮）……100㎖
- みりん、酒……各大さじ2

大根……1/2本弱（正味約450g）

えのきだけ……1袋（200g入り）

〈水溶き片栗粉〉

B
- 片栗粉……大さじ2
- 水……大さじ4

白いりごま（お好みで）……適量

下準備

- 大根は皮をむいて2㎝角に切る。
- えのきだけは根元を切り落とし、長さを3等分に切ってほぐす。

作り方

1. 耐熱容器にひき肉とAを入れて混ぜ、大根とえのきだけを加えてさらに混ぜる。ふんわりとラップをかけて600Wの電子レンジで8分加熱する。
2. 取り出してラップをはずして上下を返し、再度ラップをかけてさらに8分加熱する。
3. 再び取り出してBの水溶き片栗粉を少しずつ加えて手早く混ぜ合わせ、再びラップをかけて2分加熱する。
4. 器に盛り、お好みでごまをふる。

薬膳のヒント

大根…胃もたれ、おなかのはりに、せきや痰、のどの不快感に。

調理時間
15分

チリコンカン

レンジでできちゃう簡単すぎるチリコンカン。
ナチョスやタコス、タコライスのほかに、パスタやチリドッグにもよく合います。

材料　4人分

- 合いびき肉……300g
- 玉ねぎ……小1個または大1/2個（正味約150g）
- ミックスビーンズ（パウチまたは缶詰）……100g
- A
  - コンソメスープの素（顆粒）……小さじ2
  - 片栗粉、砂糖……各大さじ1
  - ウスターソース……大さじ3
  - トマトケチャップ……大さじ8
  - 塩、こしょう、チリパウダー、ガーリックパウダー……各少々

レンジで簡単！
作り置きにも
おすすめ。

下準備

- 玉ねぎはみじん切りにする。

作り方

1. 耐熱容器に合いびき肉、玉ねぎ、ミックスビーンズ、Aを入れて混ぜ、ふんわりとラップをかけて600Wの電子レンジで8分加熱する。
2. 取り出して全体を混ぜ、再度ラップをかけてさらに3分30秒加熱する。

私が電子レンジ調理に頼るようになったのは最近。じつは電子レンジ調理は1～2人分の料理向けだと思い込んでいたので、6人家族のわが家には向かないな、と。でも、なんとか時短にできないかと大きめの耐熱容器で作ってみたら……あまりに簡単&ラク、そしておいしくできるのでハマりました。
たとえばケチャップライス。わが家でもよく作りますが、量が多いと炒めるのがすごく大変なんですよね。そこで具をレンジで調理して、あとは炊いたご飯に混ぜ込む方法に。この方法だと、フライパンでは卵を用意できるので、オムライスがかなりラクになりました。

ルウを使わなくても、
生クリームなしでも
味は本格的！

バターチキンカレー

調理時間
20分

レンジで簡単に作れるので、お休みの日のランチにたびたび登場します。

材料 4人分

鶏もも肉……………… 小２枚(約400ｇ)
玉ねぎ………………… １個(正味約200ｇ)

A
- トマト缶(カット)…… １缶(400ｇ)
- コンソメスープの素(顆粒)、砂糖、カレー粉……各大さじ１
- にんにくチューブ……… ６～７㎝
- 薄力粉…………………大さじ２
- トマトケチャップ………大さじ４
- オイスターソース………大さじ３
- 塩、こしょう……………各少々

バター(有塩)……………大さじ１～２
牛乳…………………………150㎖
ご飯……………………茶碗４杯分
乾燥パセリ………………………適量

下準備

- 鶏もも肉はひと口大に切る。
- 玉ねぎは縦半分に切り、繊維に沿って薄切りにする。

作り方

1 耐熱容器にAを入れて混ぜ、鶏肉と玉ねぎを加えて混ぜる。バターをのせてふんわりとラップをかけ、600Wの電子レンジで６分30秒加熱する。

2 取り出してラップをはずして全体を混ぜ、再度ラップをかけて６分30秒加熱する。再び取り出してラップをはずして混ぜ、ラップをかけてさらに３分加熱する。

3 取り出してラップをはずし、最後に牛乳を加えて混ぜ、再度ラップをかけて２分加熱する。

4 器にご飯を盛り、3をかける。パセリをふる。

豚肉と大根のうまぽん酢煮

調理時間
20分

ぽん酢が味のベース。大根も豚肉にもうまみがしっかりなじんでいます。

材料 4人分

豚バラ薄切り肉 ……….200ｇ
大根 ……….1/2本（正味600ｇ）

A
- ぽん酢…………大さじ１
- 砂糖……………小さじ２

B
- ぽん酢…………大さじ３
- 砂糖……………小さじ４
- 鶏ガラスープの素（顆粒）
  ………………大さじ１

青ねぎの小口切り、
白いりごま（お好みで）
…………………………各適量

下準備

- 豚肉は６㎝長さに切り、Ａを加えてもみ込む。
- 大根は皮をむいて１㎝厚さの半月切りにする。
- Ｂは混ぜ合わせる。

作り方

1 耐熱容器に大根を入れ、Ｂを回しかけてふんわりラップをかけ、600Wの電子レンジで10分加熱する。

2 取り出した*1*に豚肉を広げてのせ、再度ラップをかけて３分加熱し、そのまま５分ほどおく。
＊加熱が不十分な場合は、30秒ずつ追加する。

3 器に盛り、お好みで青ねぎをのせ、ごまをふる。

大根と鶏肉のうま塩煮

調理時間 25分

水分がしっかり出てくるので、水は入れません！
味しみ大根とやわらか鶏肉は万人受けするおいしさ！

炊きたてご飯と
いっしょにどうぞ。

材料 4人分

大根…………1/2本（約500ｇ）
鶏もも肉………２枚（約550ｇ）
塩、こしょう、酒……各少々
長ねぎ……………………１本
A
- 酒………………大さじ１
- みりん…………大さじ２
- 鶏ガラスープの素（顆粒）………………小さじ４
- にんにくチューブ…５cm
- 塩……小さじ1/4～1/2弱
- こしょう……………少々

白いりごま（お好みで）……適量

下準備

- 大根は1.5cm厚さの半月切りにする。
- 鶏肉は塩、こしょう、酒をまぶしてもみ込む。
- 長ねぎは１cm幅の斜め切りにする。
- Aは混ぜ合わせる。

作り方

1 耐熱容器に大根を並べ、Aの半量を回しかける。鶏肉を皮目を上にして並べてのせ、残りのAを回しかけて長ねぎを広げてのせる。

2 ラップをふんわりかけて、600Wの電子レンジで10分加熱する。取り出してラップをはずし、鶏肉をひっくり返して再度ラップをし、さらに８分加熱してそのまま５分ほどおく。
＊加熱が不十分な場合は、30秒ずつ追加する。

3 鶏もも肉を食べやすく切り、器に盛り、お好みでごまをふる。

えのきだけと豆腐の梅風味

調理時間
15分

ほんのりとろみがついた体にやさしいおかず。梅の風味でさっぱりといただけます。
手軽なツナ缶と梅チューブが味の決め手。

材料 4人分

絹ごし豆腐……………………………1丁
えのきだけ……………………1袋（200g）
ツナ缶（油漬け）……………1缶（70g）
A
- めんつゆ（3倍濃縮）………大さじ4
- 梅チューブ………………6〜7cm
- 砂糖……………………………大さじ1

〈水溶き片栗粉〉
B
- 片栗粉……………………………小さじ2
- 水…………………………………大さじ1

削りぶし（お好みで）…………………適量

下準備

- AとBはそれぞれ混ぜ合わせる。
- ツナ缶は油を軽くきる。

作り方

1. 耐熱容器に豆腐を手で大きくちぎって入れ、えのきだけをキッチンバサミで3cm長さに切って加える。ツナをのせてAをかけ、ラップをして600Wの電子レンジで8分加熱する。
2. 取り出して全体を混ぜ、Bの水溶き片栗粉を再度混ぜて加え、全体を手早く混ぜて再度ラップをし、さらに3分加熱する。
3. 器に盛り、お好みで削りぶしをのせる。

なすのミートグラタン

調理時間 30分

ジューシーななすがあとをひくおいしさです。チーズをからめて召し上がれ。

材料 4人分

合いびき肉……………………230g

A
- 片栗粉、砂糖、コンソメスープの素（顆粒）……………………各大さじ1
- トマトケチャップ……………………大さじ4
- 中濃ソース……大さじ3
- にんにくチューブ……………………2～3cm
- 塩、こしょう……各少々

玉ねぎ…… 1/2個（正味約100g）
なす……… 5本（正味約400g）
オリーブ油…… 大さじ1～2
ピザ用チーズ……………………適量

下準備

- 玉ねぎは繊維に沿って薄切りにする。
- なすは2cm厚さの輪切りにし、ポリ袋に入れてオリーブ油を全体にからめる。

薬膳のヒント

なす…体の熱を冷ます、血液の流れを改善、むくみや食欲不振、胃もたれに。

作り方

1. 耐熱容器に合いびき肉とAを入れて混ぜる。玉ねぎとなすも加えて混ぜ、ふんわりとラップをかけて600Wの電子レンジで7分30秒加熱する。
2. 取り出して全体を混ぜ、再び4分30秒加熱してそのまま5分おく。グラタン皿に移してピザ用チーズをたっぷりとかけ、オーブントースターでこんがりと焼き色がつくまで5分ほど焼く。

ガーリックトマトチキン

調理時間
20分

うまみたっぷりのトマトとチキンのごちそうおかず。
汁はパスタとからめても最高なんです。

材料　4人分

鶏もも肉……………………… 2枚(約550g)

A
- コンソメスープの素(顆粒)、砂糖、
  昆布茶(または昆布だしの素)
  …………………………各小さじ2
- 塩、こしょう ………………… 各少々

オリーブ油………………………大さじ1

トマト……………………… 1個(約200g)

にんにく ……………………………… 2片

細かくちぎったパセリ(お好みで)…… 適量

下準備

- トマトは2cm角くらいのざく切りにする。
- にんにくは薄切りにする。
- Aは混ぜ合わせる。

作り方

1 鶏肉の両面にAをまんべんなくまぶして耐熱容器に並べ入れる。トマト、にんにくを順にのせ、オリーブ油を回しかけてふんわりとラップをかけ、600Wの電子レンジで6分加熱する。

2 取り出して鶏肉を裏返し、再度ラップをかけて4分加熱し、そのまま5分おく。肉に火が入ったことを確認し、味をみて足りないようなら、塩、こしょう(分量外・適量)で味を調える。
＊加熱が不十分な場合は、30秒ずつ追加する。

3 鶏肉を2cm幅に切って汁とともに器に盛り、お好みでパセリをのせる。

レンジで作るのに
まるで
レストランの味！

調理時間
15分

レンチン鶏チャーシュー

レンジで簡単に作ったとは思えない味わいです。作り置きにぴったり。

味がしっかり
しみ込んだ
絶品鶏チャーシュー。

材料 4人分

鶏もも肉……… 2枚(約550g)

A
- みそ、オイスターソース、酢………… 各大さじ1
- 白だし …………小さじ4
- 砂糖……… 大さじ1と1/2
- にんにく&しょうがのチューブ …………… 各6〜7cm

作り方

1. 耐熱容器にAを入れて混ぜ、鶏肉全体にからめて並べ、ふんわりとラップをかけて600Wの電子レンジで4分加熱する。
2. 取り出して裏返し、再度ラップをかけて3分加熱し、そのまま5分おく。
＊加熱が不十分な場合は、30秒ずつ追加する。

肉類は加熱の途中で一度裏返して、再度加熱すれば肉同士がくっつかずに加熱ムラを防止できるうえ、全体にきちんと味が混ざっておいしく仕上がります。

豚肉に調味液を
しっかりしみ込ませる
のがポイント。

レンチン煮豚

調理時間
50分

ラーメンや冷やし中華、サラダ、和え物など、幅広く活用可。

材料 4人分

豚肩ロースブロック肉
……………………500g（250gを2つ）

A
- しょうゆ、オイスターソース、みそ、酢……………各大さじ1
- にんにく&しょうがのチューブ……………………各4〜5cm
- 酒……………………………大さじ1
- 砂糖…………………………小さじ5

下準備

- 豚肉は表面にフォークで数か所穴をあける。
  ＊1つ500gの大きいものは横半分に切る。

作り方

1. 耐熱容器にAを入れて混ぜ、豚肉にからめてそのまま30分おく。
2. ふんわりとラップをかけて、600Wの電子レンジで6分加熱する。取り出して上下を返して再度ラップをして6分加熱し、そのまま5分おく。竹串を刺して透明な汁が出てきたらでき上がり。

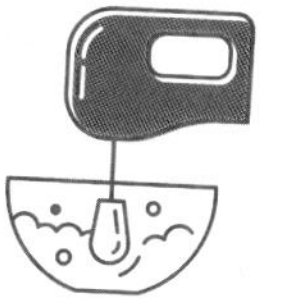

〝レンチン〞以外にもおすすめ！

「時短」ワザ

時短を心がけないと「料理とあと片づけ」で１日が終わってしまう感覚になります。30分でいいから自分のホッとできる時間を生み出すために、行っているのが「洗い物を減らす」ための工夫です。

ポリ袋を使う

バットで粉をつける、ボウルで混ぜる……そんな調理工程の多くがポリ袋で代用できます。わが家では野菜の即席漬けに使ったり、サラダを和えたり、肉団子のタネを練り混ぜたりと毎日フル活用。洗い物が少なくなるうえ、手も汚れないし、水の使用量も減らせてエコ。耐熱性の袋を使えば、そのまま加熱調理も可能です。

調理器具の中で完結

野菜をゆでて和えただけのナムルや、温野菜サラダは、野菜をゆでたお鍋を使ってそのまま和えると……ボウル１個分の洗い物が減らせます。パスタなどもはじめからフライパンの中で具材といっしょにゆでて、湯きりしたら調理まで一気に行うことも。調理器具を「節約」しながら使う習慣で、シンクの中が「洗い物でふさがれた」と気持ちが滅入る状態にならないようにしています。

切れるものは全部、キッチンバサミ

包丁とまな板を毎回洗うのが大変。まな板の移り臭も気になりますよね。キッチンバサミを、肉や魚も思いのままに。とくに肉の筋や脂身をカットするには、キッチンバサミのほうがこまわりがきいてきれいに処理できます。まな板を使わない分、キッチンまわりも省スペースになり、調理がスピーディーに。

part5

「また食べたい」の
リクエストがくる

わが家のヘビロテ

魚介のおかず

肉ばかりではなく なるべく魚も 食べてもらいたい！ だから 〝箸のすすむ味つけ〟が ポイント。 ときには缶詰も活用して。

魚料理は主婦にとって悩みどころではないでしょうか。切り身ものはひと切れが高いものもあるし、調理も焼くだけのワンパターンになりがちだったり、子どもがあまり食べたがらなかったりといったケースも。できれば生魚にさわりたくない、というのも主婦心理としては大きいですよね。

わが家の場合、魚は通年安価で買えるものをメインに食卓に出しています。塩焼きや煮つけのほか、つみれにしたり、フライにしたり、たまに変わったアレンジをすることで、子どもたちも興味をもって食べてくれます。

バターや、マヨネーズで炒めたり、味つけが濃いめの照り焼きなど、子どもたちの好きそうな味つけにすると売れゆきがいいです。

さばや、さんま、いわしなど「缶詰」を使って魚の栄養をとるのもおすすめ。野菜も加えてトマト煮にしたり、みそ煮にしたり、ちょっとアレンジするだけで、おいしい魚のおかずになります。とくに、青魚はDHAやEPAが豊富で、缶詰にもしっかり含まれているので、わが家は積極的に活用しています。

えのきだけと
ねぎを鮭にからめて
ボリューム増！

鮭とえのきだけのみそバター炒め

調理時間
15分

困ったときの"みそバター味"。あっというまにご飯に合う味に変えちゃいます。

材料　4人分

生鮭(切り身)…4切れ(300～350g)
塩、こしょう、酒…………各少々
片栗粉……………………大さじ2
バター(有塩)……………大さじ2
えのきだけ……………1袋(200g)
長ねぎ…………………………1本

A
- みそ…………………大さじ2
- 砂糖、オイスターソース、みりん…………各小さじ2
- にんにくチューブ…4～5㎝

粗びき黒こしょう(お好みで)……………………………適量

下準備

- 鮭はひと口大のそぎ切りにする。
- えのきだけは根元を切り落とし、長さを半分に切ってほぐす。
- 長ねぎは縦半分に切って5㎜幅の斜め切りにする。
- Aは混ぜ合わせる。

作り方

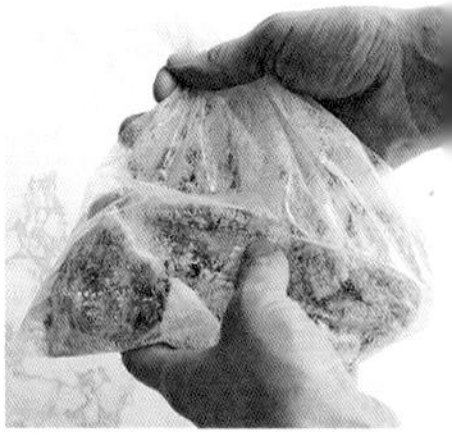

1. ポリ袋に鮭を入れ、塩、こしょう、酒をまぶしてなじませ、片栗粉も加えて袋をふって全体にまぶす(写真)。
2. フライパンにバターを熱し、1の鮭を入れて中火で両面をこんがりと焼き、えのきだけと長ねぎを加えて炒める。
3. 全体に火が通ったらAを加え、炒め合わせる。
4. 器に盛り、お好みで粗びき黒こしょうをふる。

調理時間
10分

サーモンユッケ

サーモンをユッケ風に変身！ 子どもたちはどんぶりに、大人はおつまみに活用しています。

材料　4人分

サーモン（刺身用）…………………250g
A
- しょうゆ、ごま油…各大さじ1
- 砂糖、コチュジャン…………………………各小さじ2
- にんにく＆しょうがのチューブ…………………………各4～5cm

きゅうりのせん切り………………適量
卵黄……………………………………1個分
白いりごま、粗びき黒こしょう（お好みで）……………………各適量

下準備

- サーモンは1cm角くらいに切る。

作り方

1 ボウルにサーモンとAを入れ、よく混ぜ合わせる（写真）。

2 器にきゅうりとともに盛り、まん中にくぼみを作って卵黄をのせる。お好みでごまと粗びき黒こしょうをふる。

卵黄をからめて食べると、とろっとしておいしい。

塩さばのガーリックレモンソテー

調理時間
10分

骨なしタイプの塩さばを使うと子どもでも食べやすいですね。
レモンは市販のレモン果汁でOK。

薬膳のヒント
さば…イライラ解消、
疲れやすさの改善、
脳の活性化に。
塩さばに
マヨネーズで
コクをプラス。

材料　4人分

塩さば（半身）……………… 3枚
にんにく…………………… 2片
A | レモン汁 ………小さじ2
A | 砂糖……… 小さじ1と1/2
A | マヨネーズ ……大さじ1
オリーブ油 …… 小さじ1〜2
粗びき黒こしょう（お好みで）
………………………………適量

下準備

- 塩さばはそぎ切りにする。
- にんにくは薄切りにする。
- Aは混ぜ合わせる。

作り方

1. フライパンにオリーブ油とにんにくを入れて弱火にかけ、香りが立ってきたら塩さばの皮目を下にして入れ、中火で2分ほど焼く（写真）。

2. こんがり焼けたら裏返してさらに2分ほど焼き、両面が焼けたらAを加えて強火でからめる。
3. 器に盛り、お好みで粗びき黒こしょうをふる。

さっぱりバターのぶり照り

調理時間
15分

大根おろしをのせてさっぱりといただきましょう。

すし酢効果で、
青魚の
臭みはスッキリ。

薬膳のヒント

ぶり…貧血、高血圧、骨粗《そ》鬆《しょう》症、動脈硬化、血栓予防に。

材料　4人分

ぶり（切り身）……………4切れ（約350g）

A
- すし酢…………大さじ2
- めんつゆ（3倍濃縮）………………大さじ1

バター（有塩）…… 大さじ1～2

大根おろし、青ねぎの小口切り…各適量

下準備

- ぶりはペーパータオルで水けを拭く。
- Aは混ぜ合わせる。

作り方

1 フライパンにバターを熱し、ぶりを入れて中火で3分ほど焼く。こんがり焼けたら裏返してさらに3分ほど焼く（写真）。

2 両面がこんがり焼けたらAを加え、照りが出るまで煮からめる。

3 器に盛り、大根おろしと青ねぎをのせる。

調理時間
10分

えびと長いものチリソース炒め

ぷりぷりえびとシャキシャキ長いもの食感がクセになります！

材料　4人分

長いも……………………正味約300ｇ
ごま油……………………………適量
むきえび…………………………300ｇ
　＊冷凍の場合は、解凍後ペーパータオルで水けを拭いてからの重さです。

A
- オイスターソース、酒…………各大さじ１
- 鶏ガラスープの素（顆粒）…………小さじ２
- 砂糖…………………大さじ１と1/2
- トマトケチャップ………大さじ２
- 豆板醤、片栗粉………各小さじ１
- にんにくチューブ……… ２〜３㎝

青ねぎの小口切り、
　白いりごま（お好みで）………各適量

下準備

- 長いもは皮をむいて縦半分に切り、１㎝厚さの半月切りにする。
- むきえびは背わたをを取って酒少々（分量外）をふり、５分おいてペーパータオルで水けを拭く（写真）。
- Aは混ぜ合わせる。

作り方

1 フライパンにごま油を熱し、長いもを入れて中火で炒める。

2 長いもに油が回ったらえびを加えて炒め、えびの色が変わったらAを再度混ぜ加え、手早く炒め合わせる。

3 器に盛り、お好みで青ねぎとごまをのせる。

甘辛でパンチの
あるソースが
味の決め手。

ホワイトソースは
牛乳に薄力粉を
混ぜるだけでOK。

えびとほうれん草のグラタン

調理時間 20分

じゃがいもやパスタを加えて、〝かさましグラタン〟にアレンジしてもいいでしょう。

材料　4人分

薄力粉……………………………大さじ4
牛乳………………………………400mℓ
バター（有塩）……………………大さじ2
玉ねぎ…………………1個（正味約200ｇ）
むきえび…………………………250ｇ
ほうれん草…………………………1束
コンソメスープの素（顆粒）………小さじ2
ピザ用チーズ…………………………適量
塩・こしょう………………………各適量

下準備

- 玉ねぎは縦半分に切って薄切りにする。
- むきえびは背わたを取る。
- ほうれん草は根元を切り落とし、4㎝長さに切る。

作り方

1 ボウルに薄力粉を入れ、牛乳を少しずつ入れながら泡立て器で混ぜる（写真）。

2 フライパンにバターを熱し、玉ねぎを入れて中火で炒める。しんなりしたら、むきえびとほうれん草を加えて炒める。

3 えびの色が変わったらコンソメスープの素と1を再度混ぜて加え、とろみがつくまで混ぜながら火を通し、味をみて塩、こしょうで調える。

4 グラタン皿に移し入れてピザ用チーズをのせ、オーブントースターでこんがり焼き色がつくまで5～7分焼く。

part 6

混ぜるだけ、
切るだけ……
ササッと作れる

100円以下の 副菜とおつまみ

FROM MATSUYAMA'S KITCHEN

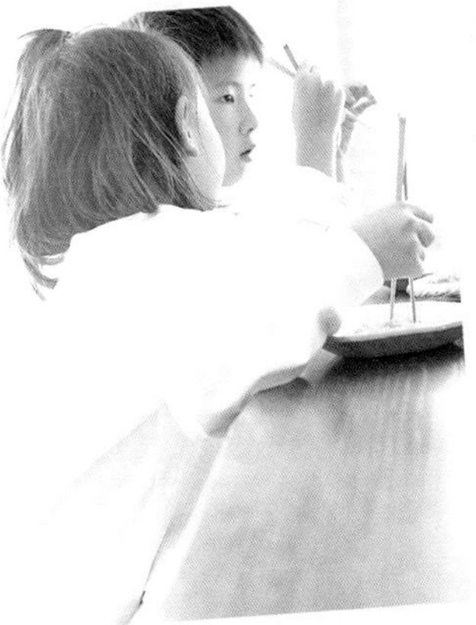

塩昆布とツナ缶。「塩け&うまみ」で味をしっかりしめる"調味料的な具材"です。

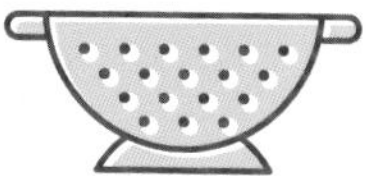

わが家のお役立ち食材の筆頭といえば、「ツナ缶」と「塩昆布」。簡単に味が決まるので「あると助かる」のひとことに尽きます。

「塩昆布」はうまみと塩けが効いているので、あと1品、足りない、というときも、箸休めが欲しい、というときも、残り野菜とサッと和えるだけで副菜のでき上がり。買うと意外と高価な漬け物がわりにもなります。ほかにも、炒め物にプラスしたり、炊き込みご飯に入れたりと万能に活用しています。

「ツナ缶」もうまみとコクを手軽にプラスできる、頼れる食材。和え物やサラダ、スープやサンドイッチ、煮物やパスタにとラクに使えて大活躍です。

塩昆布とレモン汁を合わせてみたり、ツナと白だしを合わせてみたり、塩昆布とツナを合わせてみたりと、使い方しだいでおいしさが自由に広がります。

調理時間
5分

ツナときゅうりのマリネ

できたてのポリポリも、
時間をおいてのポリポリも……。

すし酢が
隠し味です。

材料　4人分

きゅうり……………………………………4本
ツナ缶(油漬け)……………………1缶(70g)
A すし酢…………………………大さじ4
A コンソメスープの素(顆粒)……小さじ2
A 塩、こしょう、ガーリックパウダー……………………………各少々
粗びき黒こしょう(お好みで)……………適量

下準備

- きゅうりは5㎜厚さの輪切りにする。

作り方

ポリ袋にきゅうり、ツナ(缶汁ごと)、Aを入れ、もんで混ぜる。器に盛り、お好みで粗びき黒こしょうをふる。

調理時間
15分

しらたきの甘辛炒め

缶汁ごとしらたきに吸わせてうまみを凝縮。

お弁当や
あと1品
欲しいときに。

材料　4人分

しらたき……………………………400g
ツナ缶(油漬け)………………1缶(70g)
A めんつゆ(3倍濃縮)……大さじ3
A 砂糖…………………大さじ1と1/2
白いりごま……………………大さじ2

下準備

- しらたきはキッチンバサミで食べやすい長さに切る。

作り方

フライパンにしらたきを入れて中火にかけ、からいりする。水分がなくなってキューキューと音がしてきたら、ツナ(缶汁ごと)とAを加え、汁けがなくなるまで炒める。最後にごまを加えてからめる。

さつまいもは
レンジで
加熱するから
ラクチン。

薬膳のヒント

さつまいも…便秘、美肌、
風邪予防、高血圧に。

さつまいもとゆで卵のマヨサラダ

調理時間
10分

ほっくり甘いさつまいもとツナのうまみ……デリ風なおかずサラダ。

材料　4人分

さつまいも……………………… 1本(約450g)
水 ……………………………………小さじ2
ゆで卵 ……………………………………… 4個
ツナ缶(油漬け)…………………… 1缶(70g)
A マヨネーズ ………………大さじ6～7
A はちみつ、コンソメスープの素(顆粒) ……………………………各小さじ2
塩、こしょう …………………………各少々
粗びき黒こしょう(お好みで) ………… 適量

下準備

- さつまいもはよく洗って皮つきのまま、ひと口大の乱切りにする。
- ツナ缶は油を軽くきる。

作り方

1. 耐熱容器にさつまいもを入れ、分量の水をかけてふんわりとラップをかけ、600Wの電子レンジで7分ほど加熱する。竹串がスッと通ったらざるに上げて粗熱を取る。
＊加熱が不十分な場合は、30秒ずつ追加する。
2. ボウルにAを入れて混ぜ、1、ゆで卵、ツナを加えて、フォークなどでつぶしながら全体を混ぜ、塩、こしょうで味を調える。
3. 器に盛り、お好みで粗びき黒こしょうをふる。

ツナと野菜の塩昆布和え

調理時間
5分

夏に頻出する定番レシピ。大葉を足してもおいしい……もう無限に食べられます！

材料　4人分

塩昆布……………………… 大さじ3～4
A
　酢……………………………大さじ1
　砂糖…………………………小さじ2
　しょうがチューブ …………… 7～8㎝
きゅうり……………………………… 2本
みょうが……………………………… 3本
オクラ ……………………………… 8本
ツナ缶(油漬け) ………………… 1缶(70g)
白いりごま(お好みで) ………………… 適量

薬膳のヒント

みょうが…体の熱を冷ます効果や血行促進、集中力を高める効果も。
オクラ…便秘に疲労回復、食欲促進、胃腸を整える効果も。

下準備

- きゅうりは5㎜厚さの輪切りにし、みょうがは小口切りにする。
- オクラは塩少々(分量外)をまぶして板ずりし、洗ってから小口切りにする。
  ＊新鮮なものは生で食べられるが、気になるときはさっとゆでる。
- ツナ缶は油を軽くきる。

作り方

ポリ袋に塩昆布とAを入れて混ぜ、きゅうり、みょうが、オクラ、ツナを加えてもんで混ぜる。器に盛り、お好みでごまをふる。

もやしとわかめのマヨサラダ

調理時間 10分

材料が水分を吸って水っぽさはナシ。

味がしみて
翌日も
おいしい！

材料　4人分

もやし……………………………… 2袋(400g)
カットわかめ(乾燥)…………………… 10g
塩昆布…………………………大さじ3〜4
削りぶし……………………… 1パック(4.5g)
A　マヨネーズ……………………大さじ3〜4
A　砂糖……………………………… 小さじ1

下準備

- カットわかめはざるに入れる。

作り方

1. 鍋にたっぷりの湯を沸かし、もやしを入れて10秒ゆで、わかめのざるに上げてそのまま粗熱を取る。
＊もやしは必ず沸騰している湯に入れる。
2. ボウルに移し入れ、塩昆布、削りぶし、Aを加えて和え、器に盛る。

やみつきキャベツ

調理時間 5分

うまみたっぷりでさっぱり味だから、
飽きずにキャベツが食べられます。

いつでもすぐに
作れるのが
good！

材料　4人分

キャベツ
……1/2個弱(正味約350g)
塩昆布………………大さじ5
A　コンソメスープの素
　(顆粒)……小さじ1弱
A　砂糖……………大さじ1
A　にんにくチューブ
　………………… 4〜5cm
A　レモン汁………大さじ2
A　オリーブ油…大さじ1強
粗びき黒こしょう(お好みで)
……………………………適量

下準備

- キャベツはざく切りにする。

作り方

1. ポリ袋にキャベツ、塩昆布、Aを入れ、袋をふってもんで混ぜ、空気を抜いて口を縛る。ときどきもみながら20〜30分おく。
2. 器に盛り、お好みで粗びき黒こしょうをふる。

薬膳のヒント

アボカド…肝機能の改善、コレステロールの抑制に、疲労回復、美肌に。

アボカドユッケ

調理時間 **5分**

（私的にいうと）アボガト料理の中でも、これがベストだと思います！

材料　4人分

アボカド……………………………2個

A
- コチュジャン、酢…………各小さじ1
- にんにくチューブ……………2〜3㎝
- しょうゆ、ごま油、砂糖、白すりごま……………各小さじ2

青ねぎの小口切り、白いりごま（お好みで）……………各適量

下準備

- アボカドは縦半分に切って種を取り、皮をむいて食べやすい大きさに切る。
- Aは混ぜ合わせる。

作り方

ボウルにアボカドとAを入れて和え、器に盛ってお好みで青ねぎとごまをのせる。

アボカドと塩昆布のクリームチーズ和え

調理時間
5分

洋と和の融合……〝コク〟があふれる絶品副菜。

材料　4人分

アボカド……………………………2個
クリームチーズ……………………90g
塩昆布…………………………大さじ2

下準備

- アボカドは縦半分に切って種を取り、皮をむく。

作り方

ボウルに材料をすべて入れ、スプーンなどでつぶしながらよく混ぜ、器に盛る。

大人の卵サラダ

調理時間
5分

隠し味はオイスターソースとからしマヨネーズ。
子どもたちには少々〝大人すぎ〟な味！

材料　4人分

ゆで卵……………………………… 4個
青ねぎ……………………………… 5本
からしマヨネーズ ……………… 大さじ2
オイスターソース ……………… 小さじ2
粗びき黒こしょう、白いりごま（お好みで）
……………………………………… 各適量

下準備

- 青ねぎは2〜3㎝長さに切る。

作り方

ボウルにゆで卵を入れて、スプーンなどでざっくりとくずし、残りの材料をすべて加えて和える。器に盛り、お好みで粗びき黒こしょうとごまをふる。

卵はくずしすぎず
具としてしっかり
味わえるように。

調理時間
10分

マスカルポーネとコンビーフのパテ

混ぜるだけでおしゃれなパテのでき上がり！
おもてなしや持ち寄りパーティーにおすすめです。

材料　作りやすい分量

マスカルポーネチーズ
　………………228g（114g入り2パック）
コンビーフ……………………1缶（100g）
からしマヨネーズ………………大さじ3
塩、こしょう…………………………各適量
粗びき黒こしょう（お好みで）…………適量

作り方

ボウルに粗びき黒こしょう以外の材料をすべて入れてよく混ぜる。器に盛り、お好みで粗びき黒こしょうをふる。

薬膳のヒント

コンビーフ（牛肉）…骨や筋肉の強化、食欲不振、虚弱体質、美肌に。

しらすとカマンベールの餃子の皮ピザ

レシピともいえないほど手軽。
パリパリとトロ〜リの食感が楽しい!

材料　8個分

餃子の皮……………………………8枚
カマンベールチーズ………………1個
しらす干し…………………………適量
オリーブ油(お好みで)……………適量

薬膳のヒント

しらす干し…胃腸、脳の働きを整える効果。老化防止に。

下準備

- カマンベールチーズは放射状に16等分に切る。

作り方

餃子の皮1枚にカマンベールチーズ2個としらすをのせ、オーブントースターで皮のまわりがこんがり色づくまで3分ほど焼く。器に盛り、お好みでオリーブ油を回しかける。

白菜のラーパーツァイ風

中華料理でおなじみ、白菜の甘酢漬け風な味つけ。

調理時間 15分

材料　4人分

白菜……………………1/4株(正味約500g)
しょうが………………………………2かけ
A 酢……………………………大さじ2
A ごま油………………………大さじ2
A 砂糖…………大さじ1と1/2～2
A 塩……………………………小さじ1
A 昆布だしの素………小さじ2～3
一味唐辛子、白いりごま(お好みで)
……………………………………各適量

下準備

- 白菜は1cm幅の斜め切りにする。
- しょうがはせん切りにする。

作り方

ポリ袋に白菜、しょうが、Aを入れてよくもんで混ぜ、空気を抜いて口を縛り、そのまま10分以上おく。器に盛り、お好みで一味唐辛子とごまをふる。

小松菜とゆで卵のごまサラダ

調理時間 5分

オイスターソースのコクとうまみが隠し味です。

すりごま
たっぷりで
風味豊か。

材料　4人分

小松菜……………………………1袋(約200g)
ゆで卵………………………………………4個
A すり白ごま…………………………大さじ2
A オイスターソース、砂糖………各小さじ2
A マヨネーズ…………………………大さじ3
白いりごま(お好みで)……………………適量

作り方

1. 小松菜は塩少々(分量外)を入れた湯でゆでてざるに上げ、冷水にさらす。根元を切って4cm長さに切り、水けをしっかり絞る。
2. ボウルにゆで卵を入れ、スプーンなどでざっくりとくずし、1とAを加えて和える。器に盛り、お好みでごまをふる。

part 7

満たされスープ

飲むものではなく
〝食べる〟。
食卓の主役として
出せる

FROM

MATSUYAMA'S
KITCHEN

季節を問わず、スープレシピは人気。麺や卵を入れてボリュームを出したり、ご飯にかけて主婦のひとりランチに、と便利。

SNSの反応を見ると、スープレシピは夏も冬も安定して人気があります。夏の暑い時期も冷たいもののとりすぎや冷房の冷えもあり、温かいスープをとっておなかを温めるのも大切です。

おかずスープなら食べてくれる、という声も。ご飯を入れたり、うどんなどの麺を入れたりもできるのも便利。野菜や肉の栄養を余すことなくとれるのもうれしいところですね。

おすすめは鶏肉に片栗粉をまぶして煮る、とろっとした肉のスープ。肉がつるりとした食感になり、スープがとろーりとして食べやすくなります。

具材ではもやしをいちばん使います。さっと煮て、シャキシャキと食べごたえのあるスープに。風味づけにごま油をたらしたり、にんにくを効かせたり、酢を最後に入れて酸味を効かせたりして味にバリエーションを持たせ、飽きないスープ作りを楽しんでいます。

もやしとひき肉のワンタンスープ

調理時間
15分

とろみがついたスープで体が温まります。

材料 4人分

豚ひき肉…………………150ｇ
ごま油……………………… 適量
水 ………………………1300mℓ

A
- 鶏ガラスープの素（顆粒）…………………小さじ4
- 砂糖、酒、みりん……………各大さじ1
- しょうゆ、オイスターソース……………各小さじ2
- にんにくチューブ………………… 7～8㎝
- 塩…………………小さじ1

ワンタンの皮……… 20～30枚
もやし …………… 2袋（400ｇ）
〈水溶き片栗粉〉

B
- 片栗粉…………大さじ3
- 水…………………大さじ4

塩、こしょう…………各適量
粗びき黒こしょう、白いりごま（お好みで）…………各適量

作り方

1 鍋にごま油を熱し、豚ひき肉を入れて炒める。色が変わったら、分量の水とAを加える。煮立ったらワンタンの皮を半分に三角に折りながら1枚ずつ入れていく。

2 ワンタンの皮に火が通ったらもやしを加え、Bの水溶き片栗粉を加え混ぜてとろみをつけ、塩、こしょうで味を調える。

3 器に盛り、お好みで粗びき黒こしょうとごまをふる。

調理時間
15分

具だくさんの春雨スープ

レモンが入ってフォーのような味わい。

材料 4人分

A
- 水……………………1400mℓ
- 鶏ガラスープの素（顆粒）………………小さじ4
- 砂糖……………大さじ1
- にんにくチューブ………………6〜7㎝
- オイスターソース………………小さじ2
- 白だし…………大さじ5
- 塩………………小さじ1/2

豚こま切れ肉…………200g
小松菜…………1袋（約200g）
絹ごし豆腐………………1丁
カットわかめ（乾燥）……5g
春雨………………………60g
レモン汁……………大さじ1
塩、こしょう…………各適量

下準備

- 小松菜は根元を切って、4㎝長さに切る。
- 絹ごし豆腐は2㎝角に切る。

作り方

1 鍋にAを入れて強火にかけ、煮立ったら豚肉を加える。再度煮立ったら弱めの中火にして、小松菜、豆腐、わかめを加えて3分煮る。アクが出たらすくい取る。

2 最後に春雨とレモン汁を加えて1〜2分煮て、塩、こしょうで味を調え、器に盛る。

手羽元のカレースープ

調理時間
60分

煮込み時間はかかりますが、手羽元はほろほろ。

材料 4人分

手羽元……………………………10本(約600g)
玉ねぎ……………………大1個(正味約250g)
にんにく……………………………………8片
A
　水……………………………………1200mℓ
　コンソメスープの素(顆粒)……小さじ4
　オイスターソース、ウスターソース、
　　トマトケチャップ…………各大さじ2
　カレー粉…………大さじ1〜2(お好みで)
　みりん……………………………各大さじ2
塩、こしょう……………………………各適量
パセリ(お好みで)…………………………適量

下準備

- 玉ねぎは2㎝幅くらいのくし形切りにする。
- にんにくはヘタを切り皮をむく。

作り方

1 鍋に手羽元、玉ねぎ、にんにく、Aを入れて強火にかけ、煮立ったらアクを取ってふたをし、弱火で50分煮る。塩、こしょうで味を調える。

2 器に盛り、お好みでパセリをのせる。

薬膳のヒント

〈カレー粉に含まれるもの〉

クミン…消化促進、腹痛や胃痛に、下痢の解消、肝機能の向上、おなかの張りに。
ターメリック…肝機能の改善、消化促進、殺菌、抗菌作用、抗酸化作用、血流の促進に。
コリアンダー…食欲促進、おなかの張り、消化促進、便秘に。血流の促進に。

にら玉ピリ辛スープ

調理時間
15分

ピリ辛なので食欲がないときにぜひ。中華蒸し麺を入れてもおいしいですよ。

にんにくや
にらが入って
スタミナ満点の
スープ。

材料 4人分

豚ひき肉……………………200g
ごま油…………………………適量
にんにく……………………… 4片
水…………………………1100mℓ
にら………………………… 1束
卵…………………………… 3個
A
白だし、みりん
………各大さじ1と1/2
豆板醤…………小さじ3
鶏ガラスープの素(顆粒)、
オイスターソース
………………各大さじ1
しょうがチューブ… 3cm
〈水溶き片栗粉〉
B
片栗粉…………大さじ3
水………………大さじ3
白いりごま…………お好みで

下準備

- にらは4cm長さに切る。
- にんにくは薄切りにする。
- 卵は溶きほぐす。

作り方

1. 鍋にごま油とにんにくを熱し、豚ひき肉を加えて中火で炒める。肉の色が変わって火が通ったら、分量の水とAを加え、煮立ったらにらを加える。
2. 再度煮立ったら、Bの水溶き片栗粉を加えてとろみをつけ、最後に溶き卵を回し入れて、卵がふんわりするまで火を通す。
3. 器に盛り、お好みでごまをふる。

クリーミーななかに
辛さが効いて、
クセになる一杯!

豚骨風スープ

調理時間
15分

牛乳を加えて豚骨風のスープに仕上げました。牛乳のかわりに豆乳でもOK。

材料　4人分

豚ひき肉………………………… 200g
ごま油…………………………適量
A
水………………………… 1100mℓ
鶏ガラスープの素(顆粒)
……………………… 小さじ4
にんにくチューブ…… 6～7cm
オイスターソース、みりん
…………………… 各大さじ2
塩……………………小さじ1/2
みそ………………………… 大さじ2
もやし…………………… 2袋(400g)
牛乳……………………………… 100mℓ
白すりごま………………… 大さじ1
青ねぎの小口切り、白いりごま
(お好みで)……………………各適量
ラー油(お好みで)…………………適量

作り方

1 鍋にごま油を熱し、豚ひき肉を入れて中火で炒める。

2 ひき肉の色が変わって火が通ったらAを加え、煮立ったらアクを取ってみそを溶き入れ、もやし、牛乳、すりごまも加えて温め、煮立つ直前で火を止める。

3 器に盛り、お好みで青ねぎとごまをのせ、ラー油をたらす。

テンジャンチゲ風納豆汁

調理時間
20分

テンジャンは韓国のみそ。みそと納豆を入れてテンジャン風にアレンジ。ご飯を入れてクッパにしても。

材料 4人分

じゃがいも……………………2個
玉ねぎ……大1個（正味約250ｇ）
A
- 水……………………1200mℓ
- 酒、みりん……各大さじ2
- 鶏ガラスープの素（顆粒）……………………小さじ4
- 納豆付属のたれ……………………2パック分

青ねぎ……………………1/2束
みそ……………………大さじ4～5
納豆……………………2パック
ごま油……………………適量

辛くないので
子どもも
大丈夫！

下準備

- じゃがいもは皮をむいてひと口大に切る。
- 玉ねぎは縦半分に切って、繊維に沿って8㎜厚さに切る。
- 青ねぎは3㎝長さに切る。

作り方

1 鍋にじゃがいも、玉ねぎ、Aを入れて中火にかけ、煮立ったらふたをして弱火で10分ほど煮る。

2 じゃがいもと玉ねぎに火が通ったら、青ねぎを加えてみそを溶き入れ、納豆も加える。ひと煮立ちしたらごま油をたらして器に盛る。
＊みその量はお好みで加減して。

調理時間
15分

レタスと豚肉のうま塩スープ

さっぱりしているのにコクがありとろりとおいしいです。お好みでラー油をたらしても。

材料 4人分

豚バラ薄切り肉 …………200g
レタス ……… 1玉（正味約350g）

A
- 水……………………1200mℓ
- みりん……………大さじ2
- 鶏ガラスープの素（顆粒）……………………小さじ4
- 塩……………………小さじ1

〈水溶き片栗粉〉

B
- 片栗粉……………大さじ2
- 水……………………大さじ2

白髪ねぎ、白いりごま … 各適量

下準備

- 豚肉は6cm長さに切る。
- レタスはざく切りにする。

作り方

1 鍋にAを入れて強火にかけ、煮立ったら中火にして豚肉を加えて煮る。肉の色が変わって火が通ったらレタスを加え、しんなりしたらBの水溶き片栗粉を加えてとろみをつける。

2 器に盛り、白髪ねぎとごまをのせる。

カレーを
ササッと作って
パワーチャージ……
ひとりランチに
ぴったりなんです。

簡単すぎるドライカレー

調理時間 10分

チンだけで完成！ なのにこのおいしさはありえない……です！

材料 1人分

合いびき肉……………………………100g
玉ねぎ…………………1/3個(正味約70g)

A
中濃ソース、ウスターソース
…………………………各大さじ1
にんにくチューブ……………… 1cm
カレー粉…………………………小さじ1
コンソメスープの素(顆粒)
………………………………小さじ1
砂糖………………………………小さじ1

塩、こしょう…………………………各少々
ご飯………………………… 茶碗1杯分
卵黄(お好みで)…………………… 1個分
粗びき黒こしょう(お好みで) ………適量

下準備

- 玉ねぎはみじん切りにする。

作り方

1 耐熱容器に合いびき肉、玉ねぎ、Aを入れてよく混ぜ、ふたをして600Wの電子レンジで1分30秒加熱する。
＊耐熱容器にふたがない場合はふんわりとラップをする。

2 ふたを開けて全体をよく混ぜ、再度ふたをして2分30秒加熱し、塩、こしょうで味を調える。

3 器にご飯を盛り、2をかける。お好みで卵黄をのせ、粗びき黒こしょうをふる。

簡単ツナビビンバ

調理時間
5分

よーく混ぜて
召し上がれ!

手軽な材料ですぐに作れます。
目玉焼きは半熟がベスト。

材料　1人分

ご飯……………………………茶碗1杯分
焼きのり……………………………適量
ツナ缶(油漬け)……………1/2缶(35g)
玉ねぎの薄切り ……………………適量
キムチ………………………………適量
目玉焼き…………………………… 1個
ごま油………………………………適量
コチュジャン………………………適量

作り方

器にご飯を盛り、焼きのりをちぎってのせる。油を軽く切ったツナ、玉ねぎの薄切り、キムチ、目玉焼きを順にのせ、ごま油をたらしてコチュジャンを添える。

納豆腐キムチ丼

調理時間
5分

さっと作れて間違いナシのおいしさです。
豆腐と納豆、キムチさえあれば準備万端。

私の
おひとりさま
ランチの定番。

材料　1人分

ご飯……………………………茶碗1杯分
絹ごし豆腐(使い切りパック)……… 1個(150g)
納豆………………………………… 1パック
キムチ(お好みで)……………………適量
卵黄…………………………………… 1個分
ごま油、めんつゆ(3倍濃縮)………… 各適量
青ねぎの小口切り、白いりごま……… 各適量

下準備

- 納豆は付属のたれを混ぜる。
- 豆腐は縦半分に切る。

作り方

器にご飯を盛り、納豆、キムチ、豆腐を順にのせ、まん中に卵黄を落とす。ごま油とめんつゆをかけ、青ねぎとごまをのせる。

冷製たらこパスタ

調理時間
10分

ゆでた麺は流水でぬめりを取るのがポイント。
ひんやりとして口当たりのいいパスタに仕上がります。

耐熱容器1つで
ゆでる&
和えるだけ。

材料 1人分

パスタ（乾麺）……………………… 100g
水 ………………………………… 400mℓ
塩 ……………………………… ひとつまみ
A
- たらこ………………… 1腹（40g）
- めんつゆ（3倍濃縮）…… 小さじ2
- オリーブ油 …………… 小さじ2
- 牛乳（または生クリーム）
……………………… 大さじ1

大葉（お好みで）………………………適量

下準備

- たらこは皮から身をこそげ出してほぐす。
- Aは混ぜ合わせる。

作り方

1. 耐熱容器にパスタを半分に折って入れ、分量の水と塩を加える。ラップをしないで600Wの電子レンジで袋に表示してある時間＋3分加熱する。
2. 取り出してざるに上げ、流水をかけて水けをきる。
3. 2であいた耐熱容器にAを入れ、2を加えて和える。器に盛り、お好みで大葉をのせる。

暑い日にも
サラサラと
食べられます。

ツナ冷や汁

調理時間
5分

ツナで作る簡単冷や汁。薬味はしょうがやみょうが、大葉などお好みでどうぞ！

材料 1人分

みそ …………………… 30g
ツナ缶……… 1/2缶（35g）
すり白ごま…… 大さじ1
冷水 ………………… 180mℓ
きゅうり …………… 1/2本
焼きのり ……………適量
ご飯………… 茶碗1杯分
大葉のせん切り（お好みで）
……………………適量

下準備

- きゅうりは薄い輪切りにする。
- 焼きのりは手でちぎる。

作り方

1. ボウルにみそ、ツナ（缶汁ごと）、すりごまを入れ、分量の冷水を少しずつ加えてみそを溶き、きゅうりと焼きのりを加える。
2. 器にご飯を盛り、1をかける。お好みで大葉をのせる。

脱・ぼんやり味！

松山家の「下味」「合わせ調味料」パパッと早見メモ

わが家の味つけの基本は、砂糖、しょうゆ、みそ、塩ですが、鶏ガラスープやコンソメの素、めんつゆ、白だしといった「うまみの素」も欠かせません。

　それらを合わせた「合わせ調味料」はそれぞれしっかり計量をして、作る前に合わせておいてから調理します。

　忙しいとつい「目分量」ですましがちですが、計量することできちんと素材に味がからみますし、「味が決まる割合」が頭にインプットされていきます。ひと手間であって

肉と魚の臭みをおさえて、味のベースを作る。

「下味」の基本パターン

❶ 酒

肉や魚は300〜500ｇに対して酒(小さじ２〜３)程度をふっておくと臭みがとれ、鮮度保持にもなります。

❷ にんにくチューブ・しょうがチューブ(各３〜６㎝)／酒(大さじ１)

肉の基本の下味づけ。10分ほどつけ込むだけで、臭みなく仕上がります。

❸ しょうゆ(大さじ１)／砂糖(小さじ２〜３)・酒(小さじ２〜３)

和風の甘辛おかずにしたいとき、肉や魚をつけ込んでおくとあっというまに１品完成。

❹ しょうゆ(大さじ１)／砂糖(小さじ２〜３)／酒(小さじ２〜３)／しょうがチューブ(約６〜10㎝)

甘辛和風のおかずには、すべて合う下味。この味つけで焼いてしょうが焼きに。

❺ しょうゆ(大さじ１)／砂糖(小さじ２〜３)／酒(小さじ２〜３)／しょうがチューブ・にんにくチューブ(各５㎝)

ガッツリ味のスタミナ系おかずにしたいときの、間違いのない下味。

❻ しょうゆ(大さじ１)／砂糖(小さじ２〜３)／酒(小さじ２〜３)／にんにくチューブ(約５㎝)／ごま油(大さじ１)

にんにくチューブとごま油で風味をつけると一気に韓国風に。

も、下準備は「合わせ調味料の計量」こそが、料理を決めるといってもいいでしょう。
　特売で買った肉は（酒＋しょうがチューブ＋塩）や（ぽん酢＋しょうがチューブ）（酢＋しょうがチューブ＋しょうゆ）でしっかり下味をつけてから調理。こうしておけば、水っぽさや臭みがとれるし、冷めてもおいしいので作り置きも容易です。いつもは手軽なチューブタイプを使っていますが、時間と余裕のあるときには生のにんにくとしょうがを使用。安く買えたときには、すりおろして冷凍することもあります。やはり生を使うと香りも味も違います。
　ご紹介するのは、わが家の「下味」と「合わせ調味料」の基本パターン表。いくつかでも頭にいれておけば、おいしいおかずをサッと並べられます。

7 塩・こしょう（適量）／酒（小さじ１～２）／オリーブ油（大さじ１）
ステーキなどの下味にも使える洋風な配合。

8 塩・こしょう（適量）／酒（小さじ１～２）／ごま油（大さじ１）
ごま油の風味で香ばしく、やきとりなどの味つけにおすすめ。

9 塩・こしょう（適量）／酒（小さじ１～２）／ごま油（大さじ１）／にんにくチューブ（３～６cm）
特売の肉でもこんがり焼いて、レモンを搾れば焼き肉屋さんの味！

10 ぽん酢（大さじ１）／砂糖（小さじ２～３）／鶏ガラスープの素（小さじ２～３）
鶏ガラスープの素とぽん酢でさっぱりしながら、うまみたっぷりの味つけに。

11 オイスターソース（大さじ１と1/2）／砂糖（小さじ２～３）／酒（小さじ２～３）／にんにくチューブ・しょうがチューブ（各５cm）
オイスターソースで味わいたっぷりに！　中華風に仕上げたいときにおすすめです。

12 オイスターソース（大さじ１と1/2）／砂糖（小さじ２～３）／酒（小さじ２～３）・にんにくチューブ・しょうがチューブ（各５cm）／マヨネーズ（大さじ１）
オイスターソースのコクに、マヨネーズのコクをプラス。ジューシーに仕上がります。

13 オイスターソース（大さじ１）／砂糖（小さじ２～３）／酒（小さじ２～３）／にんにくチューブ・トマトケチャップ（各大さじ１）
オイスターソースにケチャップも入ると、子ども受けがバツグンに。お弁当用にも人気の味。

「うまみの素」をしっかり投入して
冷めてもおいしい味わいに。

「合わせ調味料」の基本パターン

1 オイスターソース(大さじ１)／砂糖(小さじ２～３)／鶏ガラスープの素(小さじ２～３)
オイスターソースのコクでおいしさアップ！ わが家の野菜炒めの基本の味。

2 オイスターソース(大さじ１)／トマトケチャップ(大さじ１)／砂糖(小さじ２～３)／鶏ガラスープの素(小さじ２～３)
「オイケチャ炒め」にすると豚肉、鶏肉、ひき肉とどんな肉でも味わい豊かに。

3 オイスターソース(大さじ１)／みそ(大さじ１)／砂糖(小さじ２～３)／鶏ガラスープの素(小さじ２～３)
オイスターソースとみその組み合わせは相性抜群。こっくりうまみのある肉料理に。

4 オイスターソース(大さじ１)／砂糖(小さじ２～３)／鶏ガラスープの素(小さじ２～３)／レモン汁(小さじ２～３)
オイスターソースとレモンを合わせると、コクのなかに酸味を感じるあとをひく味に。

5 鶏ガラスープの素(小さじ２～３)／砂糖(小さじ２～３)／レモン汁(小さじ２～３)／塩・こしょう(各少々)
この味つけで肉や魚、野菜を炒めるとしっかり酸味の効いた、パンチのある味になります。

6 めんつゆ(大さじ１～２)／砂糖(小さじ２～３)／鶏ガラスープの素(小さじ２～３)
めんつゆと鶏ガラスープを合わせるとうまみがググッとプラスされます。

7 めんつゆ(大さじ１)／みそ(大さじ１)／砂糖(小さじ２～３)／鶏ガラスープの素(小さじ２～３)
みそでコクをプラス。水でうすめればスープにも。

8 白だし(大さじ１)／砂糖(小さじ２～３)／レモン汁(小さじ２～３)
炒め物から肉のソテー、和え物まで、よく使う組み合わせです。

9 白だし(大さじ１)／鶏ガラスープ(小さじ２～３)／砂糖(小さじ２～３)
だしに鶏ガラ風味を。素材にうまみが深くしみて、ご飯に合う味に。

10 ウスターソース(大さじ1)／鶏ガラスープ(小さじ２～３)／砂糖(小さじ２～３)
ソース炒めや、ソースチャーハンの基本の味つけです。ここにカレー粉を足しても。

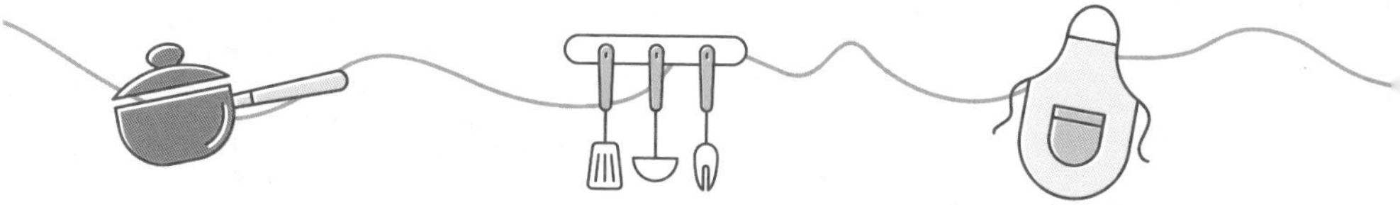

⑪ トマトケチャップ（大さじ１）／中濃ソース（大さじ１）／コンソメスープの素（顆粒）（小さじ2）／砂糖（小さじ２～３）
子どもが大好きなハヤシライス風な味つけに。バターでソテーした鶏肉にからめた炒め物は子どもたちの大好物です。

⑫ コンソメスープの素（顆粒）（小さじ２）／粒マスタード（大さじ１）／はちみつ（大さじ１）／塩・こしょう（各少々）
みんな大好き、ハニーマスタード味。ここにマヨネーズを足し、ハニーマスタードマヨネーズにして、じゃがいもやえびと和えたりも。

⑬ しょうゆ（大さじ１）／砂糖（小さじ２～３）／粒マスタード（小さじ２～３）
粒マスタードを加え、粒マスタード照り焼きに。肉にも白身魚にも合います。

⑭ しょうゆ（大さじ１）／砂糖（小さじ２～３）／レモン汁（小さじ２～３）
和風バターソテーやバター炒めの味が、ピタりと決まります。

⑮ ぽん酢（小さじ２～３）／鶏ガラスープの素（小さじ２）／砂糖（小さじ２～３）／粒マスタード（小さじ２～３）
ぽん酢と粒マスタードって相性ピッタリ。肉や魚を煮たものは、お酒のおつまみにも。

⑯ レモン汁（大さじ１）／顆粒コンソメ（小さじ２）／粒マスタード（大さじ１）／はちみつ（大さじ１）
ハニーマスタードにレモンの酸味を効かせてさっぱりさせたバージョン。鶏肉の味つけにピッタリ。

⑰ みそ（大さじ１）／砂糖（小さじ２～３）／鶏ガラスープの素（小さじ１）／レモン汁（大さじ１）
みそのコクに、レモンの酸味をプラス。炒め物から和え物まで幅広く合います。

⑱ みそ（大さじ１）／砂糖（小さじ２～３）／鶏ガラスープの素（小さじ１）／酢（大さじ１）
酢みそ炒めや酢みそ和えに。鶏ガラスープの素のうまみで、ご飯にも合う味つけに。

⑲ ぽん酢（大さじ１）／オイスターソース（大さじ１）／砂糖（小さじ２～３）
さっぱりしながらも、オイスターソースが入ることで、コクうまに。

epilogue

もともと料理好きな私も、結婚して母になり、一時期は料理をとても負担に感じていた時期がありました。

料理だけに手間も時間もかけられない毎日。日々やることがいっぱいで、気持ちに余裕がなくなり、レシピ検索すらおっくう。せめて家族のごはんはちゃんとしたものを、と思っても自分の体調にまで思いが及ばず、疲れがとれないときもありました。

そのころ、まわりのママ友と話していたことといえば、「料理の負担」。小さい子どもがいるうちは外食もままならないし、スーパーの総菜を買っていたら家計がパンクしてしまいます。主婦のつとめ、と思い、毎日、作って洗い、買っては作り、の繰り返しが、まるで〝無限ループ〟のようにきつく感じられ、苦しんでいた時期がありました。

コロナ禍で料理の悩みが増えた方も多いと思います。日々何を作ればいいのか、免疫力をつけるためには何を作ればいいのか、毎日の料理に負担を感じている。ＳＮＳを通じてそんなお悩みを耳にすることも多くなりました。

気持ちに余裕がなかったり、仕事と家事に忙しい立場の方たちへ、少しでも手間が省けて、きちんとおいしいレシピを伝えられたらと思っています。

いつも思い出すのは笑顔でキッチンに立つ母の姿。思春期、摂食障害になりかけて、悩み苦しんでいた私を食事で支えてくれた母の愛情を忘れることはできません。拙著を母の誕生日に出せるのは、大きな喜びです。

私自身も、子どもたちの記憶の中に、明るい姿として残れたら。

そんな思いで今日も楽しくキッチンに立っています。

松山絵美

松山絵美 Emi Matsuyama

料理研究家。６歳から11歳までの４児のママ。ダイエットで心と体のバランスを崩した自身の経験から、間違ったダイエットによる心への影響や食の大切さを伝えるべく、季節の食材を使ったヘルシーな料理を提案。薬膳漢方マイスター、唎酒師、ワインソムリエ、チーズコーディネーターなど食に関するさまざまな資格を持ち、薬膳料理から毎日の家庭料理まで幅広いレシピを手がける。フォロワー数は12万人超（2021年２月現在）。本書が初の著書。

- Instagram　@emi.sake
- Blog 「４児ママの愛情ごはん」
  https://ameblo.jp/emimatuyama/

4児ママ・松山さんの 薬膳効果つき
やみつき節約めし

著　者　松山絵美

編集人　新井 晋
発行人　倉次辰男
発行所　株式会社 主婦と生活社
〒104-8357 東京都中央区京橋3-5-7
☎ 03-3563-5136（編集部）
☎ 03-3563-5121（販売部）
☎ 03-3563-5125（生産部）
https://www.shufu.co.jp/

印刷所　大日本印刷株式会社
製本所　小泉製本株式会社

ISBN978-4-391-15556-3